新时代干部之基系列丛书

做干部必须有担当

晓 山 ｜ 著

·北京·

国家行政学院出版社

NATIONAL ACADEMY OF GOVERNANCE PRESS

图书在版编目（CIP）数据

做干部必须有担当 / 晓山著 . — 北京 : 国家行政
学院出版社 , 2022.7

（新时代干部之基系列丛书）

ISBN 978-7-5150-2587-2

Ⅰ.①做… Ⅱ.①晓… Ⅲ.①干部教育—中国—学习
参考资料 Ⅳ.① D630.3

中国版本图书馆 CIP 数据核字（2021）第 247864 号

书　　名	做干部必须有担当
	ZUO GANBU BIXU YOU DANDANG
作　　者	晓　山　著
责任编辑	王　莹　孔令慧
出版发行	国家行政学院出版社
	（北京市海淀区长春桥路 6 号　100089）
综 合 办	（010）68928903
发 行 部	（010）68928866
经　　销	新华书店
印　　刷	北京盛通印刷股份有限公司
版　　次	2022 年 7 月北京第 1 版
印　　次	2022 年 7 月北京第 1 次印刷
开　　本	170 毫米 ×240 毫米　16 开
印　　张	14.75
字　　数	159 千字
定　　价	45.00 元

本书如有印装问题，可联系调换。联系电话：（010）68929022

前　言

　　"逆境顺境看胸怀，大事难事看担当"，担当体现的是一种境界、一种态度，更是一种责任、一种行动。敢于担当是中华民族的传统美德，也是中国共产党人的永恒基因。一个有担当的干部才能赢得组织和群众的支持和信任，一个有担当的政党才能获得人民群众的爱戴和拥护。习近平总书记指出，"敢于担当是共产党人的政治品格，也是我们党对领导干部的一贯要求，能否敢于负责、勇于担当，最能看出一个干部的党性和作风。干部就要有担当，有多大担当才能干多大事业"。担当是干部与生俱来的天职，不担当就不配当干部。正如俗话所说，"当官不为民做主，不如回家卖红薯"。新时代，机遇与挑战并存，希望与困难同在，领导干部更应自觉担起"关键少数"的"关键责任"，想担当、敢担当、乐担当、善担当，在危机中育新机，于变局中开新局，努力创造出无愧于时代、无愧于人民、无愧于历史的光辉业绩。

1

目　录

第 一 篇

担当之本

1 担当是共产党人的使命所在，担当是人民群众的期望所在，担当是自身职责的要求所在

习近平总书记指出："能否敢于负责、勇于担当，最能看出一个干部的党性和作风。"作为一个共产党人，是否具有担当精神，是否能够担当起共产党人的使命、人民群众的期望、自身职责的要求，是检验共产党人先进性和纯洁性的重要方面。

没有担当，使命就失去了意义；没有使命，担当就没有了灵魂。使命呼唤担当，担当践行使命。党的性质宗旨、理想信念和奋斗目标决定了共产党人必须具备敢于担当、积极作为的政治品质，否则就无法坚守自己的初心和使命。中国共产党从成立之日起，就义无反顾肩负起实现中华民族伟大复兴的历史使命，团结带领人民进行了艰苦卓绝的斗争，谱写了气吞山河的壮丽史诗。领导干部要以强烈的政治责任感和历史使命感，保持只争朝夕、奋发有为的奋斗姿态和越是艰险越向前的斗争精神，以钉钉子精神抓工作落实。

民之所愿，责之所向；民之所望，担之所在。人民日益增长的

美好生活需要，只有通过全面建设社会主义现代化国家才能得到满足；发展不平衡不充分的问题，只有通过全面建设社会主义现代化国家才能解决。新时代的担当精神，就是指要担当起解决新时代社会主要矛盾的历史使命，为满足人民日益增长的美好生活需要创造条件。担当人民期望就是满足人民对更好的教育、更稳定的工作、更满意的收入、更可靠的社会保障、更高水平的医疗卫生服务、更舒适的居住条件、更优美的环境、更丰富的精神文化生活的期望。领导干部要充分尊重人民群众的期盼，坚持问政于民、问计于民、问需于民，注重解决群众最急最忧最盼的紧迫问题，真正把为民服务解决难题落到实处，不断满足人民群众的新期待。

干部要干事，为官要有为。担当作为是干部成长之路、成才之道与成事之基，更是新时代考核、评价和选拔任用干部的重要标准。习近平总书记提出的好干部"20字标准"，敢于担当是其中一条。那些碰到责任"耍滑头"、遇到困难"软骨头"、见到好处"忙伸头"的干部，本质上不仅无一丝"守初心担使命"可言，更无半点忠诚可谈。领导干部要敢于担当责任、勇于直面矛盾、善于解决问题，深刻诠释对党的忠诚、对人民的赤诚。

2 担当是永不过时的时代标签，实干是永不磨灭的奋斗底色

敢于担当是任何时代都需要的、永远不会过时的，担当才能梦想

成真，实干才能成就美好未来。担当与实干是一对孪生兄弟，没有担当，遇到问题绕着走，碰到矛盾躲着走，看见难点低头走，就不可能有实干；没有实干，再大的担当也落不了地。新长征路上，每一个中国人都是主角、都有一份责任，实现我们的奋斗目标，开创我们的美好未来，需要每一个人尤其是领导干部既要担当，又要实干。

担当是干部的本分，干事是干部的天职。责任不是我们愿不愿意和要不要去承担的，而是与生俱来注定的使命。党和人民把干部放在岗位上，不仅是对干部的信任，更是赋予其责任。习近平总书记指出，我们肩上的重大责任，就是对民族的责任，对人民的责任，对党的责任。干部干部，干字当头，不干，就半点马克思主义也没有、就是不担当、就不可能履职尽责、就谈不上建功立业。有多大担当才能干多大事业，有几分实干才会有几分成就。即使已经走过千山万水，领导干部仍然需要不断跋山涉水，要担起该担的责任，以新担当展现新作为，以真抓实干创造硬实绩，真正做到为官一任、守土一片、造福一方。

唯有担当实干，才能不负时代、不辱使命。习近平总书记指出，有理想、有担当，国家就有前途，民族就有希望，实现我们的发展目标就有源源不断的强大力量。"幸福不会从天而降，梦想不会自动成真。"使命重在担当，实干铸就辉煌。对领导干部来说，最大的担当就是对人民、对党的事业"肩扛千斤、背负万石"的责任；实干得怎么样，必须用事实来说话、拿成果来表明、以实绩来检验，只有努力干出一番经得起实践、人民和历史检验的实绩，才是最大的尽责、最好的实干。领导干部要始终与人民心心相印、与人民同甘共苦、与人民团结奋斗，夙夜在公、勤勉工作，善于列出时间表、画出路线图，将各项工作统筹安排考虑，不驰于空想、不骛于虚声，扑下身子真抓实干、狠抓执行，沉心静气把各项决策、各项任务落到实处，交出一份人民满意、令人瞩目的答卷。

3 担当实干，是共产党人的政治本色；担当实干，是党员干部的应有品格；担当实干，是人民公仆的鲜明标识

空谈误国，实干兴邦。辉煌是从担当实干中创造出来的，问题是在担当实干中解决的，机遇要在担当实干中才能抓住。当今中国虽有乱云飞渡的风险压力，但也深藏着巨大的发展潜力，每一个共产党人、领导干部自觉主动地为国家和人民不懈奋斗，将个人荣辱、命运融入时代的洪流，以舍我其谁的实干精神和担当意识，担负起时代赋予我们的历史使命，就一定能无往而不胜，为成就伟大梦想凝聚更加磅礴的力量。

党的性质和宗旨决定共产党人必须担当实干。中国共产党从成立之日起，就自觉把对国家、对民族、对人民的责任牢牢扛在肩上；共产党人自入党那一刻起，就随时准备为党和人民牺牲一切、为共产主义奋斗终身。担当实干是检验共产党人先进性和纯洁性的重要方面。"我是谁，是什么样的人？也许你从来没有想过。我是离开最晚的那一个，我是开工最早的那一个，我是想到自己最少的那一个，我是坚守到最后的那一个，我是行动最快的那一个，我是

牵挂大家最多的那一个。我是中国共产党，始终和你在一起。"这是对新时期千千万万身处平凡岗位、担当实干的共产党人的真实写照，正是一以贯之的担当实干的政治本色，使我们党不断发展壮大，始终走在时代前列，得到人民拥戴。

敢于担当实干既是共产党人的政治品格，也是领导干部为官从政的本分。习近平总书记指出，担当是共产党人从历史中继承的优良品质，是党对领导干部提出的政治要求，是党的干部必须具备的基本素质。《中国共产党章程》规定，"党的各级领导干部必须信念坚定、为民服务、勤政务实、敢于担当、清正廉洁"。为官避事平生耻，不担当实干就是不忠诚。党员干部要牢固树立责任重于泰山的意识，坚持党的原则第一、党的事业第一、人民利益第一，面对大是大非敢于亮剑，面对矛盾敢于迎难而上，面对危机敢于挺身而出，面对失误敢于承担责任，面对歪风邪气敢于坚决斗争，平常时候看得出来、关键时刻豁得出来、危急关头顶得上去，切实做到为党分忧、为国尽责、为民奉献。

为民担当实干是领导干部的最高责任。习近平总书记指出，为什么人、靠什么人的问题，是检验一个政党、一个政权性质的"试金石"。党员干部都是人民公仆，敢于担当是为了党和人民事业，而不是个人风头主义。领导干部的权力是党和人民赋予的，要为人民服务，担当起该担当的责任；要始终把人民放在心中最高的位置，时刻把人民群众的安危冷暖放在心上，兢兢业业，夙夜在公，始终与人民心心相印、与人民同甘共苦、与人民团结奋斗；要采取针对性更强、覆盖面更大、作用更直接、效果更明显的举措，实实在在帮群众解难题、为群众增福祉、让群众享公平，不断增强人民群众的获得感、幸福感、安全感。

4 "敢"字为先，"干"字为本，"改"字为要

习近平总书记指出："广大党员、干部要在经风雨、见世面中长才干、壮筋骨，练就担当作为的硬脊梁、铁肩膀、真本事，敢字为先、干字当头，勇于担当、善于作为，在有效应对重大挑战、抵御重大风险、克服重大阻力、解决重大矛盾中冲锋在前、建功立业。"前进的道路总是充满着艰辛、意想不到的状况，领导干部干事创业只有坚持"敢"字为先、"干"字为本、"改"字为要，才能在各项工作中取得新业绩、实现新作为。

胆魄勇气是敢担当的"精气神"。敢于担当是共产党人的政治品格，是领导干部的责任义务。当前，改革行至紧要关口，数不清的困难挑战呼唤"知其难为而为之"的责任意识，道不尽的复杂形势期待"偏向虎山行"的勇气担当。"对党忠诚，积极工作，为共产主义奋斗终身，随时准备为党和人民牺牲一切"，我们有什么理由迟疑犹豫、畏葸不前？习近平总书记指出："担当大小，体现着干部的胸怀、勇气、格调，有多大担当才能干多大事业。"领导干部要牢记习近平总书记嘱托，不为人情所困、不为私心所扰、不为关系所累、不为利益所惑，牢固树立进取意识、机遇意识、责任意识，像焦裕禄那样"在困难面前逞英雄"，敢于担当作为、敢于

夺取胜利。

勤奋敬业是能担当的"通行证"。一勤天下无难事。社会主义是干出来的，新时代也是干出来的，世上的事情都是干出来的。全面建设社会主义现代化，是我们必须扛起的时代责任、必须答好的时代答卷。要将这份责任履行好，将这份时代考卷答好，关键要真抓实干。领导干部要想干，干在实处、走在前列，用心谋事、用力干事，始终以饱满的精神披荆斩棘、攻坚克难；要真干，真正地为老百姓干好事、办实事；要实干，想群众之所想，急群众之所急，顺民意、解民忧、暖民心、惠民生，向实处着力、以实干开路、用实绩说话。

趋利避害是会担当的"避雷针"。唯改才正，唯正才政。"君子之过也，如日月之食焉：过也，人皆见之；更也，人皆仰之。"敢于直面问题、勇于修正错误，是我们党的显著特点和优势。列宁同志说过："公开承认错误，揭露犯错误的原因，分析产生错误的环境，仔细讨论改正错误的方法——这才是一个郑重的党的标志。"人非圣贤，孰能无过。工作或生活中出现错误并不可怕，关键要知错愿改、知错必改、知错速改，从而趋利避害、不断进步。如果讳疾忌医，就可能让小事拖成大事、让有解变成无解，本来可以医好的病症也会拖成不治之症。"人患不知其过，既知之，不能改，是无勇也。"领导干部要发扬自我革命精神，有闻过则喜的胸怀，增强正视问题的自觉，常掸心灵灰尘，常清思想垃圾，始终坚持真理，即知即改、有了就改、小有小改、大有大改、改就改好，做到问题不解决不松劲、解决不彻底不放手、群众不认可不罢休。

5 在工作岗位上恪尽职守，是最基本的担当；在改革发展中迎难而上，是有勇气的担当；在面对失败时不屈不挠，是有魄力的担当

习近平总书记指出："干部敢于担当作为，这既是政治品格，也是从政本分。"中国共产党人的担当作为，是最伟大、最负责、最具体的担当，既包含有岗必有责的基本担当，也包含不畏其难搞改革的勇气担当和不屈不挠迎失败的有魄力的担当。

在其位谋其政，司其职负其责。岗位就是责任，责任就要担当，这是对每个在岗人的最基本要求。职位有高有低，但责任并无大小之分。清代守钱塘大堤的塘官，与知府待遇一样高，但是有一条，就是不能决堤，如果决了堤，不等皇帝来算账，他就跳塘自尽了。封建官吏尚能做到以岗位为战场，共产党的领导干部更要有比当年封建官吏更强烈的责任感，明白责任，敢于负责。只有在岗位上切实担当、履职尽责，把责任落实在岗位上，才能成就每一个平凡岗位的不平凡。领导干部要牢固树立责任重于泰山的意识，在其位谋其政，在岗位也在状态，勤于履责、勇于担责、敢于负责，在岗一日，尽责一天，在敢于担当中历练提高，在真抓实干中建功立业。

困难挑战是解放思想、转变观念、革新图强的新机遇。习近平总书记指出："我们以敢闯敢干的勇气和自我革新的担当，闯出了一条新路、好路，实现了从'赶上时代'到'引领时代'的伟大跨越。"中国的改革开放能取得巨大成就，其中一个重要原因就是我们党带领广大人民群众敢于担当、勇于拼搏，大胆地试、勇敢地改，用几

十年时间走完了发达国家几百年走过的工业化历程。改革开放已走过千山万水，但仍需跋山涉水。这就需要领导干部继续发扬勇于担当的精神，以更有力的措施和办法推进改革，不断冲破思想观念的障碍，突破利益固化的藩篱，取得决定性的成果。如果遇到困难绕道走，遇事"难"字当头，遇难"退"字当先，只想锦上添花，不想雪中送炭，只想轻轻松松敲锣打鼓，在鲜花与掌声中为人民办事，这是不切实际的。领导干部在应对重大挑战、抵御重大风险、克服重大阻力、解决重大矛盾时，要敢于触碰利益"雷区"、敢撑"顶风船"，敢抓敢管，敢于碰硬，拿出一种"亮剑"的精神，一股动真碰硬的狠劲，顶住压力，迎难而上，以勇于担当开启事业新篇。

路有险滩逆流上，万折必东不回头。大事难事，看担当；顺境逆境，更看担当。勇于担当有时难免会受到挫折和委屈，在荣誉面前不争功、在失误面前不推过，是党员干部应有的担当和境界。我们党自成立以来，无论弱小还是强大，无论顺境还是逆境，始终初心不改、矢志不渝，以实干兴邦为己任，团结带领人民进行艰苦卓绝的斗争，谱写了气吞山河的壮丽史诗。正是因为具备了担当魄力，才不会因一时的逆境和委屈而放弃对事业的追求，才能及时从挫折中总结原因，吸取教训，使挫折展现出积极的意义。当前，机遇与挑战并存，发展与风险共载，在事业推进的过程中，越前进、越发展，遇到的新情况、新问题就会越多，面临的风险就会越大，失败的概率也就越大。领导干部在面对风险时，要敢闯敢试、敢为人先，勇于担当、敢于负责；在面对挫折和过失时，要不粉饰、不诿过，吸取教训、百折不挠、奋勇向前。

6 比认识更重要的是决心，比方法更关键的是担当

"凡做事，将成功之时，其困难最甚"，关键时刻能否坚定决心、勇挑重担，直接决定着事业的成败。毛泽东同志曾说："什么叫工作，工作就是斗争。那些地方有困难、有问题，需要我们去解决。我们是为着解决困难去工作、去斗争的。"唯其艰难，才更显勇毅。领导干部要以不可移易的决心和舍我其谁的担当，不断开创干事创业新局面。

臣心一片磁针石，不指南方不肯休。大海有风平浪静之时，也有风狂雨骤之时。没有风狂雨骤，那就不是大海。如今的时代，是千帆竞发、百舸争流，愈进愈难、愈进愈险的时代，对领导干部来说，应对各种困难与挑战、破除利益固化的藩篱、扫除矛盾叠加的障碍，必须有清醒的认识。但是，仅仅停留在认识上是不够的，在事业的主攻方向、总体目标、重点任务和基本要求等已经明确的情况下，决心往往更重要。然而，一些领导干部尽管讲话口若悬河、写文章洋洋洒洒、表态掷地有声，但真到了闯关夺隘、迎战困难的时候却下不了决心，犹豫观望、裹足不前，甚至打退堂鼓。这种状况如果不坚决纠正，事业势必前功尽弃、功亏一篑。干事创业到了关键时刻，犹如逆水行舟，不进则退，在任何时候任何情况下认识不能糊涂，决心更不能动摇。领导干部必须不忘初心、牢记使命，铁下心来，坚定意志，强化前进定力，始终保持一股勇气和锐气，敢于迎难而上，抓住关节、疏通堵点、破除阻力，打通"每一公里"，汇聚起共同奋斗的强大合力。

创新发展敢担当，关键时刻能担当。徒有办法而不落实、徒有指令而不担当，结果必然失败。相反，有了担当，即便没有可行条件、稳妥办法，也可以争取到最好的可能。中央红军长征至大渡河，在天时地利皆处绝对劣势的情况下，红四团先头部队一昼夜山路行军120公里，一举飞夺泸定桥，掌握了跳出敌人围追堵截的先机。古人云，"观操守在利害时"。体察一个干部的觉悟、境界和水平，关键就看其对上级重大政策措施有没有落实，面对重大任务、关键时刻有没有担当。试看"樵夫"廖俊波、"燃灯者"邹碧华等群众交口称赞的优秀干部，无不是敢担当、能担当的典型。面对干事创业中难越的藩篱阻碍，面对改革开放难啃的"硬骨头"，只要对党和人民事业有利，领导干部就要敢于担当、善于担当，切实做到担责不误、临难不却、履险不惧、受屈不计。

7　干事是职责所系，干净是立身之本

习近平总书记指出，必须正确处理干净和担当的关系，把干净和担当、廉政和勤政统一起来。"要怀着强烈的责任感认真干事，怀着如临如履的心态保持干净。"一个真正想干事的人，必定是一个珍视廉洁名节的干净之人；一个真正干净的人，也必定是一个心中装着事业的干事之人。职责在身必须踏踏实实干事，干净前提下的干事才是真干事，才能立身建功。

为政之要在勤，为官之本在廉。古人云："勤者，政之所要；

廉者，政之本也""有勤无廉，政失于公；有廉无勤，政失于慵"。廉而不勤会误事，勤而不廉会出事。勤政必须以廉政为前提，廉政必须有勤政作支撑，廉、勤自古以来就是对为官从政者的基本要求。从政不廉者，作风越勤，隐患越多，能力越大，贻害越大，那是失了根本；从政不勤者，纯粹为了"干净"不想为、不敢为、不善为，结果庸庸碌碌、无所事事，必将被淘汰出局。我们今天评价一个干部除了"不贪不占"，更要看他想不想干事、能不能干事。清廉自守、干净干事出正气，出形象，出威信，出号召力、凝聚力、带动力。现实中，个别会干事的"能人"，虽然也有业绩，但由于自身不干净，结果沦为党和人民的"罪人"。身为领导干部，决不能以干事为不干净"遮羞"，同样也不能借干净为不干事"开脱"，只有做到勤政廉政，才能做到让党放心、让群众满意。

不干事，再廉洁都是空谈；不干净，能力再强都是零。《阅微草堂笔记》中有个故事：一官员在阎王面前自称生时为官清廉，所到之处只饮一杯清水，可以无愧于鬼神。阎王斥道，如果不贪财就是好官，那么在公堂中设一木偶，连水都不用喝，岂不更胜于你？公堂木偶再"干净"，老百姓也不喜欢。懒政之害不亚于贪污腐败，切不可掉以轻心。任职一天，就应该尽心尽力履行职责一天。同时，干净是领导干部为官从政的根本要求、一以贯之的道德底线，也是最根本的能力，从某种意义讲，干净能力是"1"，其他能力是"0"，没有这个"1"，后面再多的"0"也是枉然。领导干部如果做不到干净，纵然其他能力再强、本事再大，也只会给党和人民事业带来更大的危害，就不能当领导干部。

以干事展现作为，以干净体现本色。进入新发展阶段，贯彻新发展理念，构建新发展格局，需要解决的问题会越来越多样、越来越复杂，我们的本领适应的一面正在下降，不适应的一面正在上升，提高解决实际问题的能力是应对当前复杂形势、完成艰巨任务的迫切需要，领导干部唯有具备"硬能力"和"真本领"，才能不负重托，展现担当作为新气象。当然，领导干部不仅要追求能干事、干成事，还要确保不出事。只有始终保持战战兢兢、如临深渊、如履薄冰的谨慎，做到敬畏之心一刻也不放松，从严律己一刻也不含糊，作风转变一刻也不懈怠，才能抵制各种诱惑，防止"被利用""被围猎""被投资"，保持拒腐蚀、永不沾的政治本色。

8 不敢说"向我看齐"，就不能坐在"一把手"这个位置上

"火车跑得快，全靠车头带。""一把手"身处一个地区、一个单位或一个部门的核心地位，位置重要，责任自然也重大。"一把手"是走在队伍最前面的领路人，理应是组织中的标杆、群众中的榜样。"其身正，不令而行；其身不正，虽令不从。""一把手"身为表率，就应敢于当众亮出"我是标杆"，敢于公开叫响"向我看齐"。

羊群领路靠头羊，大雁无首难成行。"一把手"标杆、表率作用发挥得好坏，直接关系到一个地方、一个行业、一个部门的工作成效和形象面貌。当年，正是在县委书记的好榜样——焦裕禄同志

带领下，兰考县委一班人带领全县群众掀起了改天换地的奋斗热潮，为改变兰考面貌立下了卓著功勋。新时代、新阶段，新情况、新问题、新挑战不断涌现。"一把手"敢喊"向我看齐"，正确领路，一个地方、一个单位就会大踏步向前进。"百将一心，三军同力"。领导干部要在品德上高于人、形象上好于人、作风上严于人、行动上先于人，团结带领干部群众积极投身全面建设社会主义现代化的伟大实践。

不观广告看疗效，不听言语看行动。"向我看齐"，是自律的信号、奋进的号角，展示的是信心和决心，昭示的是力量和本色。领导干部敢于叫响"向我看齐"，不仅需要勇气，而且需要底气；不仅要做好一时一事一处，而且要在时时事事处处上都过硬。领导干部要把心思和精力用在推进重点项目、搞好生态环境、抓好安全稳定等工作上，用在帮助群众增收、解决民生问题上，用在照镜子、常修身、正衣冠上，用实实在在的成效喊响"向我看齐"。

9 "看得出来"，是实实在在的日常形象；"站得出来"，是关键时刻实打实的表现；"豁得出来"，是危难时刻的坚定行动

习近平总书记强调："要严格党员日常教育和管理，使广大党员平常时候看得出来、关键时刻站得出来、危急关头豁得出来，充分发挥先锋模范作用。""看得出来""站得出来""豁得出来"，三

者相辅相成，共同铸就和体现了共产党人的崇高品质，是党员先进性的综合表现。领导干部要时时处处想着自己首先是一名党员，平时当先锋作表率，关键时刻站得出来，危难时刻不因艰险而退缩，始终发挥党员的先锋模范作用。

品端行正人自高，平常时候见真章。《中国共产党章程》规定："中国共产党党员是中国工人阶级的有共产主义觉悟的先锋战士。"既然是先锋，就要先进，就得展示让人"看得出来"的日常形象。然而现实中有一些领导干部，工作标准不高，生活作风不严，甘于平庸、不思进取，不想先进、不能先进的问题比较突出，组织和群众完全"看不出来"。领导干部要始终牢记自己的第一身份是共产党员，在平常生活和工作中，应当事事处处、时时刻刻自觉当表率、作模范、过得硬。

敢于担当有作为，关键时刻冲在前。关键时刻站得出来，就是在急难险重任务面前冲在前，做到哪里最需要、哪里最困难、哪里最艰险就出现在哪里、战斗在哪里，自觉为党分忧、为国解难。有的领导干部平时看似还可以，可是困难、问题、矛盾、诱惑等"关键时刻"就站不出来、经不住考验，这就不是真正过硬的共产党员。习近平总书记强调，关键时刻，共产党员要豁得出来、冲得上去，不畏艰险、勇挑重担，充分发挥先锋模范作用，真正成为带领群众前进的先进分子。领导干部要在关键时刻能挺身而出、冲锋在前，永远让群众看到共产党员身先士卒的背影，成为群众的主心骨、群众的带头人，切实发挥示范带头作用。

牺牲小我成大我，危难时刻不顾身。习近平总书记指出："关键时刻冲得上去、危难关头豁得出来，才是真正的共产党人。"越是危难时刻越能检验领导干部的初心使命，越是勇毅担当越能看出领导干部的党性成色。危难时刻挺身而出，紧急关头冲锋陷阵，这是领导干部应该有的担当。当前，在疫情防控这场没有硝烟的战斗中，广大领导干部奋不顾身，用铁肩膀扛硬任务、啃"硬骨头"，在战"疫"第一线无惧病魔、无畏艰难，勇敢"逆行"、冲锋在前，让党旗在防控疫情斗争第一线高高飘扬，为疫情防控注入强大正能量。领导干部要有"危难时刻能豁得出来"的责任，在一切困难和危险的时刻挺身而出，以扎实有效的工作应对各种风险和挑战，不断开拓改革发展新境界。

10 把工作当事业干，把事业当使命干

民族复兴曙光在前，处处都有干事创业的机遇，处处都是大显身手的舞台。陶冶事业心态，激发职业担当，无论职位高低，不管岗位轻重，平凡的职业历练一定会成就不平凡的事业，中国梦必将如美丽画卷般渐次展现在我们眼前。提振精气神，凝神聚力，把全部心思和精力用到干事创业上，把工作当事业干、把事业当使命干，做到专心致志、心无旁骛。

工作当事业，人生不一样。把工作当事业干，就是要始终保持昂扬向上的精神状态，全身心投入工作，在工作过程中实现人生追求，从工作成果中获取人生快乐。领导干部要把工作当事业来干，始终保持坚定的理想信念、攻坚克难的决心勇气和脚踏实地的实干

精神，把全部精力用在工作上，心无旁骛、一心一意地干事创业；要自觉担负起组织赋予的重任，以对党的事业负责的精神，认真履行自己的职责，精心做好分内的工作，真正把心思用在干事创业上，把工作当事业去追求、当学问去研究、当精品去雕刻，用心谋事、用心干事，对每一项工作都要做到高起点定位、高标准要求，全身心地、满腔热情地投入工作，在干事创业中实现人生价值，在成就事业里获得人生快乐。

把初心变为恒心，把使命视为生命。 改革开放40多年，我们能够创造令世人惊叹的"中国速度""中国奇迹"，靠的就是励精图治、"杀出一条血路"的一股气、一股劲。无数革命先辈为实现崇高理想不惜抛头颅、洒热血，挺起的是共产党人的精神脊梁，树起的是成就事业、砥砺后人的精神丰碑。领导干部要始终保持蓬勃向上的朝气，把干好事业看作自己的光荣使命，在谋势中抢抓机遇，在竞争中抢占先机，在工作中争创一流，始终保持敢闯敢试的锐气，以勇立潮头、敢为人先的胆识气魄，争当锐意改革、开拓创新的排头兵；始终保持愈难愈奋的勇气，以知重负重、万难不惧的勇毅，砥砺咬定青山不放松的定力，踏平坎坷成大道的豪气，勠力前行续写同心逐梦的时代新篇章。

11 在岗一分钟、敬业六十秒，干一行、爱一行、专一行

专心致志以敬其业，是薪火相传的中华优秀传统。对领导干

部来说，尽心尽力做好本职工作，更是起码的要求。领导干部的敬业，最要紧的就是对党有坚定不移的忠诚态度、对人民的事业有持之以恒的责任意识、对身居领导之位有发自内心的敬畏之情。毛泽东说过这样一句话："一个人做一件好事并不难，难的是一辈子做好事不做坏事。"爱岗敬业也是如此，字面上通俗易懂，看起来简单易行，做起来坚持一时、一阵、一段时间也不难，但要真正做到持之以恒、始终如一，其实并非易事。

所谓敬者，主一之谓敬；所谓一者，无适之谓一。爱岗是前提，敬业是升华，爱岗敬业是每一位工作者都应该推崇并坚守的。习近平总书记强调："'爱岗敬业、争创一流，艰苦奋斗、勇于创新，淡泊名利、甘于奉献'的劳模精神，是伟大时代精神的生动体现。"爱岗敬业，是坚守初心，砥砺意志。敬业强调的是对自己所从事的职业的一种态度，实际也是对自己生命价值的一种态度。一个把事业看得比生命还重要的人，定会收获更有价值的人生，必将作出非比寻常的贡献。领导干部要用恭敬严肃、一丝不苟的态度对待自己的工作，做到认真负责，一心一意，任劳任怨，精益求精；要兢兢业业，锲而不舍，努力奋进，大胆尝试，勇于探索，锐意进取，不断创新；要对职业责任、职业荣誉进行深刻理解和认识，牢记为人民服务的初心使命，肩负实现中华民族伟大复兴的光荣职责。

以"工匠精神"显敬业，以"绣花精神"抓品质。俗话说"干一行爱一行，专一行精一行"，首先要"爱一行"，才能"干好一行"，继而做到"专一行精一行"。曾国藩在给弟弟们的家书中写道："求业之精，别无他法，曰专而已矣。谚曰：艺多不养身。谓不专也。吾掘井多而无泉可饮，不专之咎也。诸弟总须力图专业。"曾国藩深刻地反省了自己做事不专一的毛病，并且希望弟弟们努力做到专一。不专心于一件事情、一个领域，就很难再有专长；没有专长，就不能人尽其才。不把精神集中于一件事情就不能专心，不能专心就不会有所成就。"爱一行"是做好所有工作的前提，领导干部要在自己的日常工作中倾注热情和心血，自然而然地在"爱一行"的过程中提升自己的各项专业能力、工作能力，以"踏石留印、抓铁有痕"的劲头对待工作，在各种工作历练中不断充实自己，在学中干，在干中学，提高专业素养，补齐工作短板，最终实现"干好一行、专一行、精一行"的最终目标。

12 以担当为本，以担当为荣，以担当为乐

习近平总书记反复强调，担当是领导干部必备的基本素质。担当是一种境界、一种态度，更是一种责任、一种行动。领导干部要担起该担的责任，面对大是大非敢于亮剑，面对矛盾敢于迎难而上，面对危机敢于挺身而出，面对失误敢于承担责任，面对歪风邪气敢于坚决斗争。

担当是人的美德，泥犁拔舌自担当。《荀子·修身》说，"良农不为水旱不耕，良贾不为折阅不市"。一个人无论处于什么身份、在何时何地、做何种事情，都必须要有担当精神。为人子女，要认

真学习、孝敬长辈；为人父母，要尊老爱幼、与邻为善；作为共产党员，就要为人民服务，爱党爱国、履职尽责。一个人能力有大小、水平有强弱、职务有高低，遇到任何事情，不管喜欢不喜欢、愿不愿意，做跟不做是态度问题，做实跟没做实是用心问题，不能脚踩西瓜皮，滑到哪里算哪里。担当是领导干部的"身份证"，具有永不退却、历久弥新的英雄底色。每一名领导干部都应以一生的忠诚和担当，传承共产党人大公无私、艰苦奋斗的优良作风，演绎勇于担当、奋楫争先的时代强音。

履职因有为而精彩，使命因担当而光荣。一代人有一代人的使命，一代人也必须有一代人的担当。革命战争年代，无数革命战士抛头颅，洒热血，用生命捍卫革命胜利的果实。新中国建立初期，无数共产党人以"敢教日月换新天"的气概建设新中国。今天，实现中华民族伟大复兴、建设社会主义现代化强国的重任交到了我们这一代人的手上，需要我们履行敢于担当的责任，争作敢于负责、勇于担当的表率，一棒接着一棒跑下去，每一代人都要为下一代人跑出一个好成绩，早日实现"两个一百年"奋斗目标。

磨砺使人成长，担当让人幸福。梁启超说："人生须知负责任的苦处，才能知道尽责任的乐趣。"心有多宽舞台就有多大，梦有多远成就就有多高。作为领导干部，更是应牢记党的初心和使命，要"在其位、谋其政，任其职、尽其责"，要以"功成不必在我、功成必定有我"的境界，在哪个岗位就把哪个岗位的事情干好，履行什么职责就把这个职责坚决完成好，切实为百姓排忧解难，无愧于时代、无愧于人民、无愧于历史，实现自己的人生价值。

13 担当之人，要有舍我其谁的气魄；舍我其谁，就是敢于承担，有强烈的角色意识

习近平总书记指出："是否具有担当精神，是否能够忠诚履责、尽心尽责、勇于担责，是检验每一个领导干部身上是否真正体现了共产党人先进性和纯洁性的重要方面。"领导干部的职务就是责任，有责任就必须担当，有多大的担当就能干多大的事业，尽多大的责任就有多大的成就。

为有牺牲多壮志，敢教日月换新天。习近平总书记指出，党看干部主要就是看"肩膀"能不能负重，能不能"超负荷"。责任无处不在，担当义不容辞。担当就要在履职尽责中对党尽忠、对民尽责、对事业尽力，甘于奉献、勇于牺牲、不畏得失，甘于为党和人民的事业消耗自己，面对利益调整乐于牺牲小我，面对使命任务勇于身先士卒。领导干部肩负着党和人民的重托，埋所当然要担当责任和奉献牺牲，这是职责所系、使命所在。领导干部要坚决反对功名萦于心、私利计于前，推诿逃避、放弃责任，追名逐利、贪图享乐，要树立想干事的雄心，增强能干事的信心，坚定干成事的决心，甘于为理想信念而奋斗，为党和人民的事业而献身。

永葆担当的本色，找准担当的角色。做好自己应该做的事，这就是角色意识。克里姆林宫的一位清洁工曾说："我的工作同叶利钦差不多，叶利钦是在收拾俄罗斯，我是在收拾克里姆林宫。每个人都该做自己应该做的事。"角色意识愈强烈就愈有担当气概。领导干部敢于担当就要有舍我其谁的角色意识，在其位、谋其政，担

其责、成其事；要有舍我其谁的竞争意识，不甘平庸，引领前行，以超常的胆识、超常的勇气和超常的魄力，担当起时代赋予的重任；要有舍我其谁的开拓意识，"行非常之事，乃有非常之功"，勇于"敢"字当头、善于"干"字为先，攻坚克难化解问题，激流勇进突破瓶颈，不畏艰险推动事业发展。

14 修"为民初心"明性，修"奋斗之心"明进，修"担当之心"明责

虚怀千秋功过，笑傲严冬霜雪。一生宁静淡泊，一世高风亮节。心态决定事态，修心即是修行。党员干部作为党的各项路线、方针、政策的具体落实者、组织者、推动者，需要克己修身，常修"三心"可以明志。

初心永驻、党性永葆、力量永续。初心，是一种信仰，信仰是一个人选择的源泉，更是一个人奋斗的动力。中国共产党人的初心，是为中国人民谋幸福，为中华民族谋复兴。人无志向不立，党无信仰不存。只有把誓言永刻心中，共产党人才能初心永驻、党性永葆、力量永续。领导干部要不忘党员身份，在党言党，在党爱党，在党忧党，在党为党，对党绝对忠诚；要牢记为民之心，常思百姓之苦、常想百姓之需、常解百姓之难、常谋富民之策；要始终严于律己，以淡泊名利之心，保持一股清正廉洁的浩然正气，通过擦亮初心、保守初心来彰显党性、涵养党性。

久久为功奋力拼，时代呼唤奋进人。新时代，要有新作为；新作为，需要新奋斗。从焦裕禄、孔繁森，到廖俊波，我们的伟大事业是靠有着"一颗为党为人民矢志奋斗的心"的共产党人实干拼搏而不断铸就的。天道酬勤、日新月异，幸福从来都是奋斗出来的。领导干部必须涵养"功成不必在我、功成必定有我"的境界和胸怀，不驰于空想、不骛于虚声，保持昂扬的斗志和一往无前的奋斗姿态，以"天下兴亡，匹夫有责"的情怀、"励精图治、迎难而上"的干劲，在"复兴的航程"上撸起袖子加油干，努力交出党和人民满意的答卷。

实干笃行勇担当，明责思进再启程。习近平总书记反复强调，有多大担当才能干多大事业，尽多大责任才会有多大成就。担当是共产党人的永恒使命，负责是共产党人的朴素宣言。领导干部要敢于担当，拿出"在困难面前逞英雄"的无畏气概，敢于担当责任、敢于较真碰硬、敢于直面困难；要善于担当，既要有激情、有韧劲，更要办事管用，尊重人民群众意愿，尊重上级的决策部署，做到有能力、有水平、有办法；要能于担当，打铁必须自身硬，要勤勉尽责，勇挑重担，精学业务，经常深入群众，问计于民、问需于民，锤炼能够担当的过硬能力。

15　讲责任无须豪言壮语，讲担当无须惊天壮举

社会发展需要担当，挑战困难需要担当，事业有成需要担当。

习近平总书记强调："无私才能无畏，无私才敢担当。心底无私天地宽。担当就是责任，好干部必须有责任重于泰山的意识，坚持党的原则第一、党的事业第一、人民利益第一，敢于旗帜鲜明，敢于较真碰硬，对工作任劳任怨、尽心竭力、善始善终、善作善成。"扁担肩扛嘴不扛，责任靠担不靠说。古人说："一心可以丧邦，一心可以兴邦，只在公私之间尔。"全心全意为人民服务的根本宗旨，深刻表达了中国共产党责任观的出发点和落脚点。习近平总书记指出，不求"官"有多大，但求无愧于民。为人民服务，担当起该担当的责任。要强化无私奉献的为民担当，强化权力就是责任、干部就是公仆的理念，以天下为公，为人民担责，时刻心系群众，紧紧依靠群众，努力为党和人民执好政、用好权。领导干部身处重要工作岗位，职务就是职责，担当义不容辞，要坚持公私分明、大公无私、先公后私、公而忘私的公仆本色，坚守为党为民的政治品格。无论担任何种职务、无论职务大小，都必须忠于职守、敬业奉献、奋发有为，切实做到担责不误、临难不却、履险不惧、受屈不计。要广泛宣传埋头苦干、开拓创新的先进典型人物及事迹，大力倡导讲责任、讲担当的良好风气，积极营造崇尚担当、敬重担当的生动局面，真正使敢于担当成为党员领导干部的自觉追求，使勇担当、善作为、讲奉献在干部队伍中形成风尚。创伟业者固可贵，担实事者亦英雄。领导干部的担当，并不只体现在急难险重的关头，日常工作更能体现干部的本色。一些干部常借口事情太小，对工作中的小事不上心，以致因小失大，酿成大祸。领导干部要牢记"一屋不扫无以扫天下"的道理，从小事做起，对工作不挑肥拣瘦，于细微处见精神；要牢固树立正确的政绩观、事业观和权利观，要有"功成不必在我，我必做功成之事"的责任担当，"做官务必做事，做事绝不作秀"的务实精神，"看重组织考核，更注重群众感受"的公仆情怀，坚持群众观点、实践观点、历史观点，争做无怨无悔的奉献者，充分发挥无私奉献、忘我付出的精神，不计较眼前得失，不计较个人名利，不求功绩、只求实效，不谋虚功、只谋实干，敢于为未来付出、甘愿为发展蓄力，努力创造经得起人民和历史检验的业绩。

16 以拼搏奋斗书写担当，以敬业奉献诠释担当，以认真负责彰显担当

古人云，"肩扛千斤谓之责，背负万石谓之任"。习近平总书记指出，干部敢于担当作为，这既是政治品格，也是从政本分。担当是检验干部的"试金石"。如果只想当官不想干事、只想揽权不想担责、只想出彩不想出力，就没有资格做领导干部。

拼搏才有出路，奋斗方有前途。新时代是担当者、奋斗者的时代，唯担当者兴，唯奋进者胜。眼下，中国开启全面建设社会主义现代化国家的新征程。一代人有一代人的奋斗使命，一代人有一代人的责任担当。习近平总书记指出："历史从不等待一切犹豫者、观望者、懈怠者、软弱者。只有与历史同步伐、与时代共命运的人，才能赢得光明的未来。"伟大的时代呼唤敢担当善担当的奋

斗者，作为新时代的领导干部，就要树牢正确的政绩观，握紧手中的"接力棒"，始终坚守"为中国人民谋幸福、为中华民族谋复兴"的奋斗目标，始终保持坚持不懈、攻坚克难的奋斗姿态，在奋斗中不断涵养担当胸襟、不断强化担当精神、不断强壮担当筋骨、不断磨砺担当肩膀，在奋斗中着力擦亮担当"底色"，以拼搏奋斗书写担当。

敬业是一种美德，奉献是一种境界。 敬业奉献是中华民族的传统美德，也是领导干部最起码的政治担当。敬业奉献不是一句空话，也不是一个口号，它看似普通却很难坚持，需要每个人掏出真心、付诸行动。屠呦呦及其团队几十年如一日坚持中医药研究实践，终于发现青蒿素能有效解决抗疟治疗失效难题；黄大年把为祖国富强、民族振兴、人民幸福贡献力量作为毕生追求，为我国教育科研事业作出了突出贡献；无双国士钟南山将自己的安危置之度外，奋战"非典"一线、新冠肺炎战场，一心守护人民健康，成为人们心中的"最美逆行者"……我们应当自觉对标民族脊梁的"无我"、国家英雄的"无畏"，立足自己平凡的岗位，把工作当成一种使命，以敬业奉献诠释担当。

态度决定一切，细节决定成败。 注重细节、做好细节，才能做好工作、有所成就。袁隆平通过细心观察"野败"，成功研究出杂交水稻，牛顿从仔细研究一个苹果掉落的细微现象发现万有引力，都说明了把每件简单的事情做好就是不简单，把每件平凡的事情做好就是不平凡。"泰山不让土壤，故能成其高；河海不择细流，故能就其深。"做事认真，并不是"钻牛角尖"，而是一种高度负责的工作态度和严谨细致的工作作风。领导干部要坚持严而又严、细之又细的工作作风，把政策落实好、把工作推动好、把人民服务好。

17 坚决顶起自己该顶的那片天，坚决扛起自己应尽的那份责

习近平总书记在接受俄罗斯电视台专访时，向世界表明自己的执政理念："为人民服务，担当起该担当的责任。"可以说，担当尽责，体现着他鲜明的执政风格。习近平总书记对"担当尽责"的大力强调，值得每一位领导干部深思和学习。对于领导干部而言，党和人民赋予一定的职权，"在其位、谋其政、履其职、尽其责"就是这个职位角色本身最基本的品格。

任重者其忧不可以不深，位高者其责不可以不厚。北宋政治家王安石，27岁担任县令，兴修水利、发展生产、贷谷与民、抑制豪强、尊师重教、培养人才，任职4年，"治绩大举，民称其德"，为以后革新变法、矫世变俗打下了基础。明代著名作家、学者冯梦龙，科举之路十分坎坷，57岁才补为贡生，61岁才担任福建寿宁知县，任职也是4年。他减轻徭役、改革吏治、明断讼案、革除弊习、整顿学风、兴利除害，打造了一个百姓安居乐业的寿宁。同为县令，同立功德。王安石初出茅庐，把最好的时光奉献给了阖境之民；冯梦龙身处暮年，仍然用夕阳西下的最后一缕光彩温暖着治

下百姓。一个在人生的上半场，一个在人生的下半场，共同勾勒出担当尽责、注重实干的官员形象。领导干部的威望不是靠位置、权力、资历建立起来的，而是靠担当、靠责任、靠实绩建立起来的。

重在知责明责，贵在履责尽责。梁启超在《呵旁观者文》中讲："人生于天地之间，各有责任。知责任者，大丈夫之始也；行责任者，大丈夫之终也。"干事创业应力戒"旁观心态"，如果你高高挂起我也当甩手掌柜，到头来岂不是原地踏步？责任和担子摆在那里，不会跑也不会少，如果只想当官不想干事、只想揽权不想担责、只想出彩不想出力，还怎配做人民的公仆？领导干部要敬畏岗位、敬畏职务，坚持岗位就是责任、职务就是使命，不把岗位当休闲场所，不把职务当荣誉享受，始终明责知责，肩负好应承担的职责和使命，绝不能有丝毫的懈怠和含糊，不做历史的罪人，不负党和人民的重托；要始终履责尽责，把责任刻在脑子里、融化在血液中、落实到行动上。

18 不当二传手，不守摊过日子，不做甩手掌柜

为官从政权责相系，在岗位上殚精竭虑、鞠躬尽瘁是本职本分。如果只是一味地把职务当待遇、把岗位当享受，拈轻怕重、避重就轻，能躲就躲，能推就推，只想当官不想干事，就如同患上了腐骨蚀心的慢性恶疾，既损害领导干部形象，又贻误事业发展。领导干部如果不把责任当回事，就是没有政德，就不配当干部。

当官不自在，自在莫为官。现实中有的领导干部不担当不作为，只追求个人安逸，"庸庸碌碌守摊子，平平安安占位子，浑浑噩噩混日子"，一心只想当"太平官""慵懒官"，"混日子""熬年头"，一年看，二年站，三年等着换；一杯茶，一张报，一支烟，潇潇洒洒过一天，对工作一问三不知。有的热衷于"踢皮球"，对群众反映强烈的问题消极应付，态度生冷、高高在上，遇到问题往上推，落实责任往下移，当"甩锅侠"。有的把反腐败当成不担当、不作为的借口，把"不贪不占，啥也不干""宁愿不做事，只求不出事"当作为官之道，一副不干事也不犯错其奈我何的样子。在其位，不谋其政、不履其职，本身也是一种腐败，会带坏干部队伍士气，会贻误经济社会发展，会败坏党的形象和公信力，造成的破坏力不亚于违纪违法、贪污腐化。

为官避事平生耻，视死如归社稷心。习近平总书记谈到自己在正定县的工作经历时说："我当年到了正定，看到老百姓生活比较贫困、经济社会发展水平比较落后的情形，心里很着急，的确有一股激情、一种志向，想尽快改变这种面貌。"当领导干部，就是要有这样的意气风发和满腔热情，在任期内踏踏实实干出几件打基础、利长远的实事来。如果戴着"帽子"、把着"位子"、握着"章子"、领着"票子"、混着"日子"，年复一年都是"涛声依旧"，不断重复"昨天的故事"，就不该当干部、不配当干部，就该感到羞愧难当、无地自容。领导干部要主动担当，主动承担任务，主动担责揽责，不推诿扯皮，坚决不做遇到问题绕着走、碰到矛盾躲着走、看见难点低头走的"三走"干部。要锐意进取，自觉认清职责定位，强化大局观念、全局意识，说到做到、言行一致，做到不越位做到位、不缺位站好位；要认领认账，对自己所承担的工作、担负的重任，失责必担，有功不抢、有过不推，"新官"理"旧账"，"新账""旧账"一起理。

要善于放手，而不能甩手。领导干部的时间、精力、耐力等都是有限的，谁都没有"三头六臂"，如果事必躬亲、亲力亲为，不仅不利于激发多数人的积极性，有时甚至徒劳无功。做到放手不甩手，就要求领导者掌握"统"和"放"的辩证法，既善于抓重点、抓关键、抓根本，准确把握平衡点，做到抓大放小、以大兼小、统大放小、统而不散，始终把重要的事抓在手上，又善于兼顾各方，做到以小带大、小中见大、大小兼顾，加强过程管理和监督，实现行动一致、形成合力，真正做到统放自如。领导干部做工作，要牢记放权不等于放任、放手不等于撒手，做任何事既不能大包大揽，也决不能当"甩手掌柜"。

第二篇

担当之责

19　关键时刻见真章，改革关头看担当

习近平总书记强调，"人民把权力交给我们，我们就必须以身许党许国、报党报国"。今天的改革已进入深水区，好吃的肉都吃掉了，剩下的都是难啃的"硬骨头"。有多大担当才能干多大事业，尽多大责任才会有多大成就，看干部就是看肩膀，看其在关键时刻能不能报党报国、在改革关头能不能啃"硬骨头"。

唯其艰难，才更显勇毅；唯其笃行，才更见担当。党的十八大以来，习近平总书记以跑好历史接力赛的冲锋姿态，扛起了大国领袖的重担，开启了中华民族伟大复兴的新征程，展示出共产党人的大胸怀、大气魄、大担当。这种担当，既是勇往直前的改革担当、鞠躬尽瘁的为民担当，更是矢志不渝的民族担当、舍我其谁的历史担当。没有担当本领的领导干部是不能胜任改革发展稳定重任的，是不符合"好干部"标准的。领导干部就是要向习近平总书记一样，把责任扛在肩上，以"我将无我"的胸怀在关键时刻能站得出来，在改革关头能冲得上去。

经疾风才能知劲草，在沧海横流中尽显英雄本色。大事难事看担当集中体现了当事人责任意识的强弱和道德境界的高低。在大事难事面前不退缩、敢于担当善于担当是领导干部政治品格的应有之义。必须做到面对大是大非敢于亮剑，有正确的是非观，在重大原则问题上敢于站出来说话，敢于表明自己的态度；面对矛盾敢于迎难而上，碰到问题不回避，知难而进，逢山开路、遇河架桥，跳进矛盾旋涡中去解决问题；面对危机敢于挺身而出，关键时刻豁得出来、顶得上去；面对歪风邪气敢于坚决斗争，敢抓善管，敢动真格。

遇事无难易，而勇于敢为。邓小平同志曾指出，改革开放胆子要大一些，敢于试验。看准了的，就要大胆地试、大胆地闯。没有一点闯的精神、冒的精神，就走不出一条好路、新路，就干不出新的事业。领导干部就必须以勇往直前的奋斗姿态和锐意进取的担当精神，依靠改革攻坚破除一切不合时宜的思想观念和体制机制弊端，在改革的道路上一往无前、砥砺前行。必须要破除迷茫等靠的负面情绪、封闭保守的保守思想和"靠山吃山"的惯性思维，从思想上跟上时代步伐，越是在决胜决战的阶段，越要破除思想束缚，越要敢于啃"硬骨头"、敢于涉险滩，牢牢握住改革攻坚的引擎；必须以逢山开路、遇河架桥的精神，勇于自我革新，跳出条条框框限制，在关键问题上敢于拍板，只要符合中央要求，符合基层实际，符合群众需求，就要坚决改、大胆改。

20　知责任者，大丈夫之始也；行责任者，大丈夫之终也

人在这个世界里生活，各自有各自应该承担的责任。认识到责任，这是大丈夫应当具备的基本素质；履行好责任，这是大丈夫最终的目标要求。做人如此，为官亦是如此。领导干部不同于普通党员群众，他们肩负着新时代发展之责，一定要做到知责必履责、履责必尽责、尽责必到位。

履职尽责是从政之本，离开责任就不配当干部。习近平总书记强调："是否具有担当精神，是否能够忠诚履责、尽心尽责、勇于担责，是检验每一个领导干部身上是否真正体现了共产党人先进性和纯洁性的重要方面。"这就深刻地告诉我们，"在其位、谋其政、尽其责"是为官从政的基本要求。领导干部是人民的干部，领导岗位是人民给予的岗位，只有履职尽责，才能对得起手中的权力、对得起所在的岗位、对得起人民的期盼。如果不履职尽责，就干不好党和人民交代的事业，就会失职，就会失信，无异于自毁前程、自毁根基。

在其位不能尽其责，就是对党不忠诚。习近平总书记强调，党员干部首先要明白自己是一名在党旗下宣过誓的共产党员，要用入党誓词约束自己，要有担当意识，遇事不推诿、不退避、不说谎，向组织说真话道实情，勇于承担责任。只要有利于党的事业，该做的事顶着压力也要干，该负的责冒着风险也要担，不管面临什么艰难险阻，不管遇到什么大风大浪，都要始终坚持党的领导，始终坚守共产党人的精神追求，永葆共产党人一切忠诚于党的政治本色。领导干部必须始终把人民放在心中最高的位置，坚持以人民为中心

的发展思想，把人民对美好生活的向往作为奋斗目标，把改善群众生活、维护群众利益作为一切工作的出发点和落脚点，把关系群众切身利益的事当作大事要事，实实在在帮群众解难题、为群众增福祉、让群众享公平，让人民群众更有获得感、幸福感，真正做到守土有责、守土负责、守土尽责。

知然后行，行起于知，履责尽责贵在知行合一。"知道"不等于"做到"。为官从政，重在知责明责，贵在履责尽责。领导干部不仅要做到守土知责、守土明责，更要以极端负责的精神，把责任抓实、抓细、抓小，做到守土负责、守土尽责。领导干部要守土知责，找准战斗岗位，担当起该担当的重任，履行好该履行的责任；要守土负责，在任何时间、任何地点，都始终如一地对工作负责，把责任落实落细落小；要守土尽责，全身心投入事业，干一行、爱一行，专一行、精一行，精其术、竭其力，成其事、乐其业，在克服困难和解决问题中不断提升能力水平，在履行职责中实现自身价值。

21 离开了责任谈担当无异于镜花水月，离开了担当谈责任更是空中楼阁

责任是分内应做的事情，担当则是承担应当承担的任务，完成应当完成的使命，做好应当做好的工作。担当与责任总是联系在一起，责任为担当指明了方向，担当是责任的落实方式。

一份责任就是一份担当，没有责任就没有担当。习近平总书记

强调："担当就是责任，好干部必须有责任重于泰山的意识，坚持党的原则第一、党的事业第一、人民利益第一，敢于旗帜鲜明，敢于较真碰硬，对工作任劳任怨、尽心竭力、善始善终、善作善成。"担当不是高大上的词语，不是只有英雄才能担当，平凡人扛起自己的责任，就是担当。落实责任贵在担当，不能勇于担当或者不敢担当，责任的意义就无从谈起。有的党员干部对自己的岗位职责不清楚，长期不研究岗位职责，以其昏昏，使人昭昭，做到敢于担当是不可能的。担当责任必须以明确责任为前提，离开了心中明了的、清晰的责任内涵和外延，离开了责任的具体指向和价值定位，勇于担当无异于镜花水月。只有认准了自己所肩负的责任、所承担的历史使命，才能在实践过程中将责任扛在肩头，有效地担当责任，进一步实现伟大梦想、成就伟大事业。

担当置于肩，守好责任田。邓小平同志曾说："谁叫你当共产党人呢，既然当了，就不能够做官，不能够有私心杂念，不能够有别的选择，应该老老实实地履行党员的责任。"不做官，而要"做点工作"，正体现出邓小平同志关于"党员的责任"的担当，也集中体现了我们党反对空谈、强调实干、注重落实的优良传统。一个敢于担当的干部，才能赢得组织重托和群众依赖；一个敢于担当的政党，才能赢得人民的拥护和支持，才能委以社稷大业。领导干部要树立岗位就是使命、责任就是命令的担当意识，将自己肩负的责任明了于胸，牢记于心，按照职责要求，把自己该管的事情管好，该做的工作做好，该尽的义务尽好，该完成的目标任务完成好，既不推给别人，也不应付差事，尽心竭力，善作善成。

22 职位就是岗位，职务就是责任，责任重于泰山

古人云："社稷安危，一在将军。"领导干部是一个地方经济社会发展的设计者、决策者、引领者，职位就是岗位，职务就是责任，责任重于泰山。想要有权力，必然要负对应的责任，权力越大，承担的责任也就越大。习近平总书记反复告诫我们："不能只想当官不想干事，只想揽权不想担责，只想出彩不想出力。"当干部不是为了做官，而是为了做事；不是为了享受生活，而是为了造福群众。责任立在那里，只有对工作任劳任怨、尽心竭力、善始善终、善作善成，才能仰不愧天、俯不愧人、内不愧心。

不愿担责就不该当领导，不会担责就不能当领导，不敢担责就不配当领导。当干部就要有当干部的样子。选择了做共产党员的领导干部，就是选择了吃苦、选择了奉献，就意味着要付出更多辛劳、接受更多挑战，特别是面临大事难事，更要挺身而出、担当尽责。撂挑子就是撂担当、"打太极"就是毁前程。畏首畏尾，身余几何？既然当了干部就应该义不容辞地担起责任，要把党和人民的事业放在第一位，把自己担任的领导职务看作党和人民赋予的重托和责任，如临深渊、如履薄冰，兢兢业业、殚精竭虑，时刻把人民的冷暖安危挂在心上，随时准备为党和人民牺牲一切。

人在岗上，事在心上，责在肩上。每个职位都是一副担子，在什么位子就有什么担子，位子有多高，担子就有多重。领导干部在一个地方、一个单位任职的时间有限，千万不可得了位子、忘了担子，自以为有大把时间可以挥霍，什么都想着"再等等""还早"，

占着位置碌碌无为。要心怀对事业的敬意，对自己所处的职位具备高度的热情和责任心，珍惜岗位、踏实工作，全身心地投入，毫无私心地把自己的一切奉献给党和人民；要充分利用有限的时间，不"磨洋工"、不蹉跎时日，在履行职责完成使命的过程中一步一步实现自己的价值。

知责任千钧之重，担责任万分之实。习近平总书记指出："每一个领导干部要拎着'乌纱帽'为民干事，而不能捂着'乌纱帽'为己做'官'。"对人民负责，为人民服务，始终是共产党人责任观的出发点和归宿。领导干部的权力是人民赋予的，所为者公，无论何时，公仆本色都不能变。要时刻把人民放在心中最高位置，把人民对美好生活的向往作为奋斗目标，把改善群众生活、维护群众利益作为一切工作的出发点和落脚点，把关系群众切身利益的事当作大事要事，尽心竭力帮群众解难题、为群众增福祉、让群众享公平，增强群众的获得感、幸福感、安全感，尽显全心全意为人民服务的责任担当。

23　提升思想境界，做到"为官想为"；强化责任担当，做到"为官敢为"；锤炼扎实作风，做到"为官勤为"；培养八种能力，做到"为官善为"

胸怀"两个大局"，民族复兴呼唤领导干部要大有可为，百年变局要求领导干部要大有可为，展望未来，领导干部必将大有作为。立身于全面建设社会主义现代化国家的新征程，领导干部要坚守初心，勇挑重任，强化为官"想为""敢为""勤为""善为"的意识，积极投身新时代中国特色社会主义伟大实践。

为官不为，莫为官。行动自觉基于思想自觉，思想自觉源于信念坚定。领导干部要将理论学习与具体实践相结合，汲取先进思想，学习模范先进，提升思想境界，提振精气神，要有肝胆，要有担当精神，要有所作为，对"为官不为"感到羞耻，让自己的理想信念"硬"起来，强化为人民服务的宗旨意识，时时刻刻想干事，保持昂扬向上的进取心，抖擞干事创业的精气神，真正做到"为官想为"。

担无人敢担之责，敢为人先闯新路。古人讲"不患无策，只怕无心"，如果干事创业缺乏责任心，那么党和国家的事业发展是很难落实到位的。领导干部要知责勇担当，在攻坚面前不怯阵、在困难面前不退缩、在挫折面前不消极，知重而担、知责而为、知难而上，敢于冲到最前线；要尽责善担当，在困难面前敢闯敢试、在矛盾面前敢抓敢管、在风险面前敢作敢为，担起改革发展的时代重任，担起实现民族复兴的历史重任。

政以廉为本，为官以勤为先。领导干部要不断自省，做到正直坦荡，表里如一，常修为政之德，常思贪欲之害，常怀律己之心，更应该做到执政以廉为本、扎实工作作风，常常"沉"到基层、到人民中去学习，脚踏实地去做好各项工作，尽心竭力地为群众做事，为党分忧，与群众心连心、同呼吸、共命运。

"法"字当头做功课，找准"善"为路径。孙悟空苦练"七十二般变化"，才能从容应对"九九八十一难"取得"真经"。只有千锤百炼，锻造过硬本领，方能善作善成，取得人生和事业的"真经"。领导干部要提高学习、政治领导、改革创新、科学发展、依法执政、群众工作、狠抓落实、驾驭风险这八种本领，做到勇于创新、敢于创新、善于创新，以创新激发工作的落实力、执行力，做落实上的"行动派"；做到从实际出发，把本领用在正道上，不好高骛远，不搞阿谀奉承，不搞政绩工程，脚踏实地干好本职工作，真正干经得起历史和群众检验的事业，增强人民群众的获得感、幸福感、安全感。

24 有权必有责，有责要担当，失责必追究

习近平总书记强调，要坚持行使权力和担当责任相统一，真正把落实管党治党政治责任作为最根本的政治担当，紧紧咬住"责任"二字，抓住"问责"这个要害。一旦没有正确认识权力和责任的统一性，行使权力就会失去准星、丢掉宗旨意识、松懈责任和担当，也就很容易导致权力寻租。只有把为人民服务、对人民负责贯穿始终，正确处理权力与责任的关系，才能履好职、担好责。

权力就是责任，有责就要担当。习近平总书记强调："有权就有责，权责要对等。无论是党委还是纪委或其他相关职能部门，都要对承担的党风廉政建设责任进行签字背书，做到守土有责。"权力不是组织与人民对领导干部个人的"补偿"，而是一种责任，权

力越大，责任就越重。当前有的干部没有正确认识权力与责任的关系，把两者分离开来，只热衷要权力、不喜欢负责任；有的干部临事而怯、遇难则退。对共产党人来说，没有离开责任的权力，党和人民赋予权力时，更是压上了责任，需要有与之相匹配的责任担当。不应该只看到权力的优越性而忽略了责任的担当，不对等的权责关系会导致心理倾斜，最终出现不良的处事态度而沦为权力的奴隶。

勇挑重担，以尽匹夫之责。1949年3月23日，毛泽东同志在西柏坡说："今天是进京的日子，进京赶考去。""进京"，意味着中国革命取得了胜利，中国共产党从此成了执政党；"赶考"，意味着中国共产党人保持着清醒的意识，包含着强烈的执政担当。对于毛泽东同志来说，中国共产党人的"赶考"不是为了做官，而是要担当"治国""平天下"的使命。习近平总书记强调："我的执政理念，概括起来说就是：为人民服务，担当起该担当的责任。"领导干部要把高标准履职尽责作为基本要求，做到日常工作能尽责、难题面前敢负责、出现过失敢担责。

动员千遍，不如问责一次。没有问责，责任就落实不下去。中共中央印发《中国共产党问责条例》，释放出了失责必问、问责必严的强烈信号。这既是重拳，有力震慑不作为不担当问题，让敷衍塞责、行动拖沓失去生存土壤，也是警钟，倒逼各级各部门必须拿出"眼里揉不得沙子"的认真劲头，强化敢抓敢管的责任意识。只有抓住了"问责"这个要害，敢问责、真问责、严问责，不以"小节无碍"敷衍责任，不以"下不为例"乱开口子，让压力传导"零衰减""全覆盖"，才能真正咬住"责任"二字，倒逼责任落实。

25　在其位，就要谋其政；任其职，就要尽其责

西班牙作家塞万提斯说："人是其事业之子。"干事创业是每个人的人生追求，人人都有一个干事的岗位，任何岗位都是与一定的职、责、权相匹配的。人的真正价值，也主要是在岗位上体现的。对领导干部来说，在其位就要谋其事、尽其责。对职责范围的工作不认真负责，就没有资格做领导工作。只有把事业当爱好，把岗位当责任，敢于作为、善于作为、担责有为，才能成为一名合格的好干部。

领导就是责任，领导就是担当。习近平总书记在接受俄罗斯记者采访时指出："我的执政理念，概括起来说就是：为人民服务，担当起该担当的责任！"有多大的担当才能干多大的事业，尽多大的责任才会有多大的成就。担当尽责，体现着领导干部的党性和觉悟，体现着领导干部的胸襟和勇气，也决定着领导干部职责的履行、作用的发挥、贡献的大小。中国共产党的根本宗旨是全心全意为人民服务，党的领导干部就应当先之劳之、以身作则，就应当敢于负责、敢于担当。不管组织把我们放在哪一个岗位上，不管职务高低，都应肩挑自己的担子，背负自己的责任，做到守土有责、守土尽责，遇到事情就要担责、负责，出了问题还要追

责、问责。

为官避事一生耻，履职避责一世辱。当前，为官不为、缺乏责任意识的现象仍有不少，怕得罪人、回避矛盾者依然存在。有的领导干部直接不作为，思想出现偏差，认为"为官不易""官不聊生"，产生了"不吃不喝不收礼、不干不做不担责"的错误思想；有的"慢"作为，做事拖拖拉拉，能推则推，能甩则甩，不讲效率，拖一天是一天，迟迟完不成任务：凡此种种，都是"避事"的表现，终将被组织和人民抛弃。金末元初的元好问有诗云："当官避事平生耻，视死如归社稷心。"古人尚且有此襟怀，一个以为人民服务为宗旨的领导干部岂能丢了最基本的担当？在其位不谋其政，枉为官，民不允、上不许。做一天和尚撞一天钟，岂为官，政不声、治不安。不负责、不担责、不尽责，只会耽搁了事业、耽搁了自己，最终官当不长、事干不成。

尽责到一责不推，尽力到无能为力。领导干部作为"关键少数"，就是要进一步强化责任感、进取心和精气神，在岗位上担当负责，把人民赋予的权力、组织交给的职位全部用在干事创业上。领导干部担当负责，内涵和要求是多方面的，但最重要的就是竭尽全力、认真负责。要有"等不起"的紧迫感、"慢不得"的危机感、"推不掉"的责任感、"坐不住"的使命感，挫折面前不气馁，挑战面前不退缩，困难面前不低头，脚踏实地、埋头苦干，竭尽全力干好每一件事、落实好每一个任务；要有强烈的事业心和责任感，把奉献作为最大快乐，坚持提高业务技能和工作能力，任劳任怨，努力创造出一流的工作业绩，为党的事业尽心尽力尽责。

26　不负责就问责，不担当就挪位，不作为就撤职

有职必有责、有责要担当、失责必追究。履职尽责、担当作为是对党员干部的基本要求，不正确履行工作职责、不作为不担当，就是失职失责。在其位就要谋其政，干部有多大担当才能干多大事业，尽多大责任才会有多大成就。如果把个人利益放在第一位，不讲政治、不顾大局，一心只想当"太平官"，遇到困难矛盾绕着走，在急难险重任务面前打退堂鼓，不想"涉深水、破坚冰、啃硬骨头"，甚至突破纪律规矩和法律法规底线，陷入破纪违法的泥潭，就会给党和人民的事业造成巨大损失。

谁不负责，就问谁责。问责是加强党的领导、强化党员干部责任担当的具体体现。对负有责任、失职渎职的干部进行问责，是管理干部的必要措施，也是从严治党的必然要求。对于那些对党和国家路线方针政策阳奉阴违的，无视务实党纪国法的，道德败坏、不作为乱作为的，搞政治交易、严重败坏社会风气、损害人民利益的领导干部严肃问责、不留情面，不仅能让庸庸碌碌混日子、装模作样走过场的"庸官懒官"头皮发紧、背后出汗，更能树立起正确的导向，让敢于担当者看到前途和希望，进而让各级党组织和领导干部警醒起来，把推进党的事业和党的建设的担子挑起来。

不担当不作为也是腐败，向不担当不作为者亮剑。如果任由只想当官不想干事、只想"占位"不想出力的现象滋生泛滥，政策不落实，问题"滚雪球"，就会耽搁了发展、错失了良机、损害了群众利益。对工作不在状态、不愿干事的要坚决"下"，对担当精神

不足、不真干事的要坚决"下",对能力本领不强、干不成事的要坚决"下",哪些干部、哪些岗位出问题,就要"猛击一掌",打到痛处。良药苦口、猛药去疴,用"猛击一掌",换来幡然醒悟,换来回头是岸,才是对干部最好的教育和爱护、对事业最大的负责和担当。

为担当者担当,让吃苦者吃香。提拔任用干部要重点考察干部干了哪些真事、大事,干了哪些群众赞赏的实事、好事,解决了哪些过去遗留的硬事、难事,在干事过程中发挥了什么作用、显示了什么才干,群众怎么评价等。要大胆使用在基层扎实历练,在吃劲岗位和艰苦地区经受磨炼、表现优秀的干部,尤其是在关键时刻、重大任务、突发事件、斗争一线面前豁得出来、冲得上去的干部,让担当有为的干部有平台、有空间、有盼头、有奔头;对于那些不敢担当、不抓落实、贻误发展的干部进行严查重惩:奖惩分明才能发挥徙木立信的作用,才能让各级党组织和领导干部用实际行动彰显共产党员的政治本色和为民情怀。

27 群行群止看识见,顺境逆境看定力,大事难事看担当

在清人金缨编的《格言联璧》中,有"人生四看"之说。"大事难事看担当,逆境顺境看襟度,临喜临怒看涵养,群行群止看识见。"意思就是逢到大事和困难的时候,可以看出一个人担负责任的勇气。遇到逆境的时候,可以看出一个人的胸襟和气度。逢到喜

怒的事时，则可看出一个人的涵养。当大家都这样做或都不这样做的时候，可看出一个人对事物的见解和认识。总的来说，在人生各种关口，往往能看出一个人的品性、胸怀、修养和境界。同理，衡量党员干部有没有定力、能不能正确决策、是不是敢于担当，就要看其面对大是大非敢不敢亮剑、面对矛盾敢不敢迎难而上、面对危机敢不敢挺身而出、面对失误敢不敢承担责任、面对歪风邪气敢不敢坚决斗争。

思想有多远，就能走多远。领导干部是群众的主心骨，主心骨就应当有主见。然而，有的领导干部或偏听偏信，听风就是雨，常常被人牵着鼻子走；或想法多变、摇摆不定，今天一个主意、明天一个主张；或容易被人"软化"，原则性差、定力不够，有的甚至被一点小事搞得心烦意乱，自己先乱了阵脚。"耳根软"的人，难以成事，亦难以凝心聚力。实践证明，有思想有主见的人就自然高人一筹、胜人一等、快人一步。领导十部对任何事物都要有主见、有定力，对任何事物都要注重信息对称，善于明辨是非，做到心明眼亮、心中有数，决不能随波逐流、人云亦云，风吹墙头草，想怎么倒就怎么倒。

真正有定力的人，连魔鬼都拉不走。人生如山，有巅峰也有低谷；事业如河，有平缓也有漩涡。"一切向前走，都不能忘记走过的路；走得再远、走到再光辉的未来，也不能忘记走过的过去，不能忘记为什么出发。"领导干部在顺境中要有忧患意识，深刻把握客观事物运行的根本规律，察清事物的发展方向和趋势，学会预判危机，查看风险动向，既要有"先见"，又要有"高招"。"塞翁失马，焉知非福"，面对逆境，领导干部要有"不以事艰而不为，不以任重而畏缩"的精气神和坚强意志，居官以耐烦，主动作为，才能干出一番事业。

千古风流在担当，万里功名须躬行。担当是一种责任，越是大事难事，越能考验一个人的品德、信仰和忠诚。看一个人，不仅要看他平时是怎么说的，而且要看他在大是大非面前、在危险困难面前是怎么做的。当前，世界正处于百年未有之大变局，改革发展任务艰巨繁重，风险和机遇并存，挑战和发展同在，领导干部唯有放大"胆量"，做敢于斗争的"排头兵"、坚持斗争的"战斗员"、善于斗争的"指挥官"，才能冲破新的"娄山关"和"腊子口"，才能闯过暗礁险滩，才能打赢一场又一场充满风险和挑战的大仗和硬仗。

28 不让责任缺位，要让担当就位

对于领导干部来说，负责就是"在其位、谋其职"，担当就是挑重担子、啃"硬骨头"，作为就是干事情、作贡献。看一个领导干部，很重要的是看其有没有责任感，有没有担当精神。现实中，有的领导干部把当官当作一种享受和炫耀，追求权力多多益善，承担责任越少越好；有的在工作中不愿担当、不敢担当，遇到问题绕着走，能推则推；有的只要权力不干事，不比贡献比职务，不比业绩比资历。新征程上不可能都是平坦的大道，我们将会面对许多重大挑战、重大风险、重大阻力、重大矛盾，领导干部必须有强烈的担当精神才能坦然自如面对。

永远做老百姓的官，切勿当官做老爷。领导干部的职务，更多承载着责任与使命。衡量领导干部是否具有共产主义远大理想是有客观标准的，就是要看他能否坚持全心全意为人民服务的根本宗旨，能否吃苦在前、享受在后，能否勤奋工作、廉洁奉公，能否为理想而奋不顾身去拼搏、去奋斗、去献出自己的全部精力乃至生命。俗话说，当官不为民做主，不如回家卖红薯。领导干部应当把权力视为一种负担，无官才一身轻。"当老百姓的官"，就要把自己当成普通人，真心实意地为老百姓说话办事。要摒弃"只想当官不想干事、只想揽权不想担责、只想出彩不想出力"的"官"念，要为党分忧，为国效力，为民尽责，担当作为。

有担当则进，敢作为则胜。敢于担当是一种胆识、一种魄力，需要无私无畏的勇气，在急难险重面前带头勇挑重任，最能体现领导干部的担当。领导干部要把担当精神内化于心、外化于行，把心思用在干事业上，把精力用在抓工作上，在突发事件发生时要当第一责任人，在第一时间到达第一现场、掌握第一手情况、作出正确的处置。要事不避难、勇于担事，既要有成功不必在我的思想境界，又要有夙夜在公的责任担当；既要有夜不能寐、寝食难安的精神状态，又要有一天当两天使、一个月当两个月用的工作干劲，始终保持这种激情、这种冲劲，把分内之事干成干好。

为者常成，行者常至。人的一生都生活在责任之中，承担责任是一个人走向成熟的必经历程。职务就是责任，岗位就是责任。一个没有责任感的人，遇事只会逃避、退让，根本担不起社会责任，更不要说当好领导干部了。领导干部，不论处在什么环境、在什么岗位上，如果慵懒散漫、畏首畏尾、裹足不前、坐等观望，不亚于腐败。为官要该当则当，不躲不避，忠于职守，积极作为，尽职尽责而非尸位素餐；要把抓落实作为一种政治责任、思想追求、工作习惯，以"等不起"的紧迫感、"慢不得"的危机感、"坐不住"的责任感去抓落实，以实干换实效，以实干出实绩。

29 乐于担当体现的是一种先忧后乐的思想情怀，敢于担当体现的是一种迎难而上的责任意识，善于担当体现的是一种有勇有谋的能力素质

一个时代有一个时代的历史担当，每个层级有每个层级的使命担当，每个人有每个人的岗位担当。对于党员干部来说，不仅要有担当的意愿，还要有担当的智慧、担当的行动，必须全方位检视自身、修炼自身，做到乐于担当、敢于担当、善于担当，切实肩负起时代赋予的重任。

执政为民需情怀，先忧后乐显担当。面对新时代新使命新要求，我们共产党人要视党的事业高于一切，视为人民服务为"天职"，视单位的事业发展为"家业"，视大众百姓为"家人"，视群众的事情为"家事"。既要有"功成不必在我"的境界和胸怀，又要有"功成必定有我"的担当和责任，既要坚持"马上就办"的做事态度，又要始终牢记自己的第一身份是共产党员，认真践行全心

全意为人民服务的根本宗旨，乐于担当、甘于奉献，想人民之所想、急人民之所急、忧人民之所忧，时刻把群众记在心上，时刻牢记人民利益大于天，全身心投入中国特色社会主义建设的伟大事业，在乐于担当中收获和享受快乐。

事业精彩需实干，事业辉煌要担当。担当作为必须摒弃"坐等靠要""慵懒浮散""低慢拖拉"等依赖心理与作风顽疾，干事创业要将力抓"早"、体现"快"、做到"好"三者相结合。处在伟大变革、实干奋进的时代，广大党员干部必须坚持"立说立行""事不过夜"工作作风，以时不我待、只争朝夕的责任感、紧迫感，以一刻也不耽误的状态冲在前干在前，做到不懈怠、不犹豫、不低头、不观望、不拖拉，争当改革发展的促进派、实干家，保持战略定力，发扬钉钉子精神，一锤接着一锤敲、一件接着一件办、一步接着一步走、一年接着一年干，坚定不移推动党的事业各项目标任务落地落实，用担当作为托起中国梦。

没有本领的担当，只是一张空头支票。能力本事是干事创业的素质体现和本领要求，担当作为不能光凭一腔热情，有了"金刚钻"才揽得了"瓷器活"。当前，统筹推进"五位一体"总体布局和协调推进"四个全面"战略布局，践行新发展理念，都考验着党员、干部的担当能力。越是关键时期，越是任务繁重，党员干部越需要有勇有谋、善于担当：要掌握唯物辩证法的根本方法，增强战略思维、历史思维、辩证思维、创新思维、底线思维能力，提高驾驭复杂局面、处理复杂问题的本领；要在完成急难险重任务中经风雨，在攻坚克难中受历练，在完成好每一项任务中提升本领。

30 担当是品质的彰显，履职尽责要担当；担当既是时代召唤下的一种客观需要，也是个体自觉中的一种主观努力，其核心是在履职尽责中无私奉献、勇于牺牲

顾炎武的《日知录》中提到，天下兴亡，匹夫有责。担当历来是评价人的重要尺度。担当与人们关于责任、良心、价值、奉献、牺牲、勇气和才干等方面的思考联系在一起，从而被赋予丰富的内涵：它既代表着"在其位、谋其政"的履职尽责，也体现着"先天下之忧而忧，后天下之乐而乐"的宽广胸怀；它既代表着"知其难为而为之"的执着追求，也体现着"明知山有虎，偏向虎山行"的无畏勇气。作为领导干部，担当，就是要敢于承担责任，关键时刻敢挑担子，在责任面前不回避、不推诿、不退缩。

岗位就是责任，履职就要担当。对于领导干部来说，担当作为既是一种政治责任，也是一种行为操守，更是一种思想境界。恪尽职守，敬业勤业，担起该担当的责任，既是立业之本、成事之基，又是党和人民的信任和重托。无论何时，干部都要将责任扛在肩上，强化守土有责、守土负责、守土尽责的责任担当。只有把责任担当作为从政本分和使命要求，以钉钉子精神精耕细作、精准发力，攻坚克难、闯关夺隘，一抓到底、务求实效，才能作出经得起实践、人民、历史检验的实绩。

时代呼唤担当，担当成就事业。习近平总书记强调："历史只会眷顾坚定者、奋进者、搏击者，而不会等待犹豫者、懈怠者、畏难者。"对于每一位党员干部而言，新时代赋予了我们新的使命，

新时代要求我们有新担当新作为。领导干部只有把历史担当作为时代考验和前进动力，深刻把握历史规律、时代特征、发展大势，见贤思齐、奋发有为，以"等不得、坐不住"的紧迫感，以只争朝夕的精神，把本职工作当作担当有为的舞台，一张蓝图绘到底，一任接着一任干，久久为功、坚持不懈、善作善成，方能担当起党和人民赋予的时代重任。

勇于担当，甘于奉献。林则徐说过："苟利国家生死以，岂因祸福避趋之。"勇于担当不是追求功名利禄，勇于担当意味着付出、奉献甚至牺牲。在困难、危机和矛盾面前，如果畏首畏尾、退避三舍、裹足不前，就会陷入困境、一事无成甚至一败涂地，如果选择知难不避、知难而进，难就不难，就能够危中寻机、化险为夷、转危为安。这就要求领导干部在平时工作中有大局意识、全局意识，能够舍小家保大家，不拘泥于个人得失，一心一意为公、一言一行为集体，甘于牺牲奉献，面对利益调整乐于牺牲小我，面对歪风邪气敢于较真碰硬，面对使命任务勇于身先士卒，拿出"我将无我"的大境界，做出"不负人民"的大作为。

31 认识问题担难不怯，发现问题担责不推，直面问题担事不躲，解决问题担险不畏

问题面前，最能考验一个人的担当。敢于直面困难、勇于担当负责，是中国共产党人的政治本色。面对问题，领导干部要有"逢

山开路、遇水架桥"的勇气，不怕事、不推责、不逃避、不畏难，不断找办法、寻对策，不断攻城拔寨、攻坚克难、克敌制胜。

问题是一面镜子，映出责任与担当，也照见懦弱与推脱。真的猛士，敢于直面惨淡的人生，敢于正视淋漓的鲜血。直面问题是解决问题的关键。能否勇担当、善作为，关键在于敢不敢认识问题，担责扛事，担险担难。工作中，有的领导干部问题意识和责任意识淡薄，或刻意掩盖问题，或故意逃避问题，或怕担当问题。问题是客观的，并不会因为逃避、躲避就不存在。只有朝着问题走、迎着困难上，才能真正做到问题面前不回避，压力面前不躲闪，困难面前不推托，挑战面前不畏惧，逆境面前不退缩，矛盾面前不犹豫。领导干部要勇于跳进矛盾问题的旋涡，具备触及矛盾、解决问题的责任担当，接受艰难困苦的淬炼洗礼，彰显担当本色。

直面问题不回避，敢于尽责勇担当。担当不是空洞的、抽象的，而是具体的、实在的。作为领导干部，有担当、讲担当、肯担当、真担当，就必须做到问题面前不畏惧，矛盾面前不绕行，责任面前不躲避。领导干部要有一股敢于亮剑的勇气，不管困难多大、矛盾多复杂，都要知难而上、迎难而进，下真功、使长劲，啃硬骨、拔尖刺、破坚冰，力求在解决问题上高人一筹、快人一步；要有一股改革创新的锐气，在矛盾问题面前迎难而上、攻坚克难，在歪风邪气面前坚持原则、敢抓敢管，不怕这怕那，不左顾右盼，更好地解决前进过程中遇到的各种问题，真正走在前列、干在实处。

32　实干是干部的"座右铭"，担当是干部的"金名片"

实干担当是共产党人的鲜明品质，党的性质宗旨和新时代党的历史使命，决定了党员领导干部必须把实干担当铭记于心、融入血脉。担当和实干相辅相成、不可分割，没有担当，遇到问题绕着走，碰到矛盾躲着走，看见困难低头走，也就不可能有实干；同样，没有实干，再大的担当也落不了地。领导干部只有真正做到敢于担当、善谋实干、实事求是、锐意进取，才能以新气象、新作为创造无愧于新时代的新业绩。

实干是干部成长的阶梯，担当是成就事业的基石。实干和担当彰显了领导干部的胸怀、勇气和格调。实干，就是要低调务实、少说多干，全力以赴推动工作落实和事业发展。担当是一种精神，一种魄力，也是一种责任。领导干部处在改革发展的最前线，会时时面对许多意想不到的困难和问题，要解决前进路上的艰难险阻，决不能好高骛远、脱离实际，热衷于喊口号，作表面文章，必须要以行动彰显实干，以实干扛起担当，敢想敢干、勇于担当，干出一番事业、擎起一片天。

实干是成功的方法论，担当是忠诚的度量衡。习近平总书记指出："广大党员、干部要在经风雨、见世面中长才干、壮筋骨，练就担当作为的硬脊梁、铁肩膀、真本事，敢字为先、干字当头，勇于担当、善于作为，在有效应对重大挑战、抵御重大风险、克服重大阻力、解决重大矛盾中冲锋在前、建功立业。"领导干部只有"实"字当头，把实干变为自身的代名词，将真抓实干当作人生的座右铭，以实干为先，主动担当，敢想敢干，不推诿工作，把每一次挑战都当作成长的机遇，在踏实工作中不断增长过硬本领，才能以务实工作、严谨作风赢得群众的信任和认可。忠诚之魂在于担当，对党忠诚就要为党分忧。党员干部是不是对党忠诚、对人民负责，主要看的是其敢不敢担当，有没有作为、出没出实绩。敢不敢担当，能不能碰硬，直接考验党员、干部的忠诚、胆识和魄力。领导干部只有着力解决好"不担当"的问题，拿出逢山开路、遇水架桥的勇气和魄力，苦干实干、久久为功，才能不断攻坚克难、开拓创新，用自己的辛苦指数提升群众的幸福指数。

33 勇于把社会责任扛在肩上，敢于把实干担当刻在心里，甘于把无私奉献融入血脉

在这次新冠肺炎疫情防控阻击战中，从研究新冠病毒的科学家，到为民排忧解难的网格员，再到广大领导干部，在抗疫中展现出的勇于扛责、实干担当、甘于奉献，彰显着伟大的中国力量。这启示我们，只有念兹在兹的是国家的发展与民族的利益，专注于事业、专心于工作、专诚于未来，才能用实实在在的行动在百姓心中立下不朽的丰碑。在实现中华民族伟大复兴的征途上，领导干部要以事不避难、义不逃责的决心，以身许国、无私奉献的行动，不断为灵魂"补钙"，为品德"提纯"，为本领"淬火"，在勇往直前中续写崭新篇章。

有一分热，发一分光。社会责任是组织（或个人）承担的高于组织自身目标（或自身工作职责以外）的社会义务。是否履行这种社会义务、如何履行这种社会义务，往往成为衡量领导干部党性修养的重要标尺。领导干部要不断在实践中加强党性锻炼，坚定理想信念，提高自己的思想政治觉悟，永葆党的先进性和纯洁性，传承党的优良传统，秉持良好的工作作风和思想作风，当仁不让，积极参与各项社会事业建设，在工作中承担更多社会责任，全心全意为人民服务，全力促进社会进步。

历尽天华成此景，人间万事在担当。春种一粒粟，秋收万颗子；一分耕耘，一分收获。回首中华民族五千多年的薪火传承是这样，中国共产党的百年奋斗历程也是这样，新中国70多年的建设发展更是这样。现实中，有的领导干部缺乏责任意识、担当精神、敬业态度，不思进取、庸政怠工、明哲保身、得过且过，做无所事事的"太平官"、逃避责任的"滑头官"、因循守旧的"平庸官"。这种不但当、不实干的作风，不但无助于成事，还可能误事，甚至坏事。担当实干方能创造出好思想，方能铸就好成果。领导干部要敢担当、善实干，用全心、使全力、尽全责，始终以"一年三百六十日，多是横戈马上行"的精神状态和"人生能有几回搏"的痛快淋漓，干出样子来、干出状态来、干出成果来。

当官一阵子，奉献一辈子。奉献是中华民族的传统美德，更是共产党人重要的精神特质。无私奉献，是一种品质、一种责任与担当。真正的党员不是随便叫出来的，是在无私奉献中干出来的。领导干部有了无私奉献精神，才能抵制住权力与金钱的诱惑，一心为民，维护好公仆形象。领导干部要牢记自己在党旗下的宣誓，提高自己作为一名党员的思想境界，坚定理想信念、淡泊名利、甘于奉献，随时准备为了党和人民的利益牺牲一切；要坚持把党和人民的利益放在首位，将奉献落实到具体工作中、贯穿到为民服务全过程，吃苦在前，享受在后，克己奉公，多作贡献。

34 为担当者担当，敢于担当的干部才能如春草怒生；为负责者负责，敢于负责的干部才能如洪波涌起

习近平总书记强调，绝不能让担当作为者流汗还流泪、吃苦还吃亏。担当和负责既是中国共产党人的必备素质，也是领导干部干事创业的精神动力，在实现中华民族伟大复兴中国梦的征程中，迫切需要一大批敢于担当、敢于负责的领导干部。

干部为事业担当，组织为干部担当。《答制问事·重任贤科》中说："好贤而不能任，能任而不能信，能信而不能终，能终而不能赏，虽有贤人，终不可用矣。"改革发展是一个不断摸索和创新的过程，免不了出现偏差，如果都"一棒子打死"，将严重挫伤干部的工作积极性，要为他们壮胆撑腰，绝不能让冲锋陷阵的闯将、尖兵孤军奋战，得不到支持、理解和呵护；要划定可容的边线和不容的底线、红线，对那些勇于探索、先行先试，担当尽责、出现无意过失的，应该容错的要大胆容错。引导更多的干部心无旁骛、义无反顾撸起袖子加油干，自觉践行忠诚干净担当，不断增强政治定

力、纪律定力、道德定力、抵腐定力，专心致志为党和人民干事创业、建功立业。

树立敢担当善作为的导向，大力选拔敢于担当负责的干部。敢于负责、勇于担当是领导干部选拔任用的重要标准。只有把担当作为者用起来，敢于担当、善于作为才会蔚然成风。组织部门要坚持从新时代的发展需要出发，公道对待干部、公平评价干部、公正使用干部，不以人划线、不搞"小圈子"，不为人情关系所缚，不为歪风邪气所扰，大胆使用敢于担当、善于作为的干部，让敢于担当的干部感受到组织上的公心、公平、公正，从内心深处敢于为事业发展担当、为深化改革冲锋陷阵；要敢于坚持原则、敢于得罪人，愿为好人说好话、敢为坏人说坏话、能为老实人说真话，让那些困难面前不退让、发展面前有办法的担当干部有市场、受重用、得实惠。

35 敢于担当而不回避推诿，勤于担当而不消极懈怠，善于担当而不庸碌无为

新时代是担当者的时代，担当是领导干部的职责所在，也是对领导干部的基本要求。在新长征路上，我们面临着许多新的风险、新的挑战、新的困难，领导干部必须增强政治责任感和历史使命感，面对难题敢于担当而不回避推诿，面对琐事勤于担当而不消极懈怠，面对困境善于担当而不庸碌无为，当好引领中华民族伟大复

兴历史伟业的"排头兵"。

以胆识亮担当，不当"缩头乌龟"。敢于担当，体现的是一种魄力，表现在遇事不推诿、不搪塞、不回避，敢于主动站出来领任务、揽责任。若给推诿扯皮者画像，他们就是那种"踢皮球"踢来踢去的样子，对群众反映强烈的问题消极应付，态度生冷、高高在上；就是那种"打乒乓球"推来挡去的样子，遇到问题往上推、落实责任往下移；就是那种"击鼓传花"怕沾手的样子，"躲"字当头、"推"字当先，遇到矛盾绕道走，不敢接"烫手山芋"，不敢定事作决断……这些推诿扯皮、敷衍塞责的行为，实则是庸政懒政。领导干部遇到事情要勇于向前冲，该面对的矛盾不回避，该解决的问题不推托，该主动协调的事情不扯皮，坚守住自己的阵地，办好自己的事情。

以勤奋砺担当，不当"南郭先生"。时下，一些领导干部甘愿当"南郭先生"，他们"身在曹营心在汉"，上班时间心不在焉，不思进取，出工不出力，办事拖拉，敷衍塞责，只想混日子、拿票子。更有甚者，因为提拔晋升无望而终日郁郁寡欢，对工作不关心、不"感冒"，事业心、责任心衰减，工作热情退化，只图做一天和尚撞一天钟。领导干部如若养成了"慵懒散"习惯，会严重败坏干部队伍的形象，不仅不利于自身的成长进步，也不利于工作推动及党和国家事业的发展。领导干部要转变思想观念和工作作风，克服惰性思想，树立主动意识，保持积极向上的饱满精神状态，勇担责任，甘于奉献，埋头苦干，开拓进取，不断在工作上取得新突破、新进展、新业绩。

以实绩显担当，不当"说唱演员"。 敢于担当、勤于担当、善于担当，最后都要靠实绩来检验。没有实绩，只是把承诺、责任、担当等停留在口头和纸面上，不能给地方发展带来积极变化，不能给群众带来实实在在的获得感，这样的担当作为就是经不起检验的，就是不合格的。领导干部要树立正确的政绩观和担当意识，着力提高科学思维能力，学会运用马克思主义的立场、观点和方法来观察事物、分析问题，改进工作方法、提升工作效率，站稳群众立场，找准切入点和突破口，把担当的落脚点放到办实事、求实效上，一个环节一个环节地突破，一道难题一道难题地破解，真正把实惠落到群众头上，真正把担当体现在实绩上。

36 眼泪不是答案，拼搏才是选择；只有回不了的过去，没有到不了的明天

习近平总书记指出："奋斗的道路不会一帆风顺，往往荆棘丛生、充满坎坷。强者，总是从挫折中不断奋起、永不气馁。"人生之路，不如意事十之八九，一帆风顺者少，曲折坎坷者多。时间属于奋进者，历史属于奋进者。领导干部要不畏惧失败和挫折、化不利为动力，在战胜困难和不幸中锤炼意志、增长本领、不断向前，努力有所作为，成就一番事业。

正视失败，方能成为强者。《菜根谭》中有这样一句话，"败后或反成功，故拂心处切莫放手"。"看成败，人生豪迈，只不过

是从头再来。"失败不是人生的终点站，而是一个岔道口，这个岔道口会分岔出两条路：一条路属于弱者，他们会心灰意冷，一蹶不振，彻底走向失败；另一条路属于强者，他们会吸取教训，愈挫愈勇，再接再厉，最终获得成功。古人云："胜败乃兵家常事。"成功在绝大多数时候是用失败换来的，只有经历过失败的洗礼，才能历练出获取成功的真本领；只有扛得住失败打击，才能成为真正的强者。

志存高远，方能阔步向前。若想成功，就要做一个有志者，一个苦心人。习近平总书记指出："入党誓词字数不多，记住并不难，难的是终身坚守。"中共一大13位代表中，有的壮烈牺牲，有的中途脱党，有的成为叛徒，有的沦为汉奸，最终登上天安门城楼的，只有毛泽东和董必武两位同志。同一起点、同一征程，不同结局、不同人生，其中起决定作用的就是志向是否远大与坚定。沧海横流方显本色，大浪淘沙始见真金。衡量领导干部能走多远、走向何方，关键是看其志向是否高远、信念是否坚定，领导干部必须做到"心中有信仰"，"脚下有力量"，任何时候都不掉"泪水"、勇于拼搏，不念过往、不惧将来。

艰苦奋斗，方能赢得未来。艰难困苦，玉汝于成。中国共产党在磨难中应运而生，在浴血奋战中艰难发展，在艰苦奋斗中不断走向胜利。历史和现实反复证明，一个没有艰苦奋斗精神支撑的民族，难以自立自强；一个没有艰苦奋斗精神支撑的政党，难以发展壮大。当前，一些领导干部错误地认为艰苦奋斗是艰苦岁月提出的特殊要求，现在条件和环境改变了，继续提倡就不合时宜了。有的领导干部办事大手大脚、铺张浪费，有的不思进取、吃喝玩乐，有的骄傲自满、追名逐利，有的官味十足，形式主义和官僚主义盛行，这样的干部不懂拼搏、不知奋斗，只会消弭信仰、消沉意志。领导干部要自觉在精神上锐意进取、顽强拼搏，在工作上吃苦耐劳、不畏艰辛，在学习上勤勉刻苦、孜孜不倦，在生活上勤俭朴素、厉行节约，在作风上严以律己、清正廉洁，始终保持蓬勃朝气、昂扬锐气、浩然正气。

37 大危难孕育着大作为，大挫折磨砺着大智慧，大困难蕴含着大机遇

《道德经》云："祸兮，福之所倚；福兮，祸之所伏。"矛盾的对立统一规律，是唯物辩证法的实质和核心，发挥主观能动性则是实现矛盾转化的根本动因。中华民族历经的每次危难，都是在大风大浪中孕育出大智慧、大机遇，展现出绝处逢生、化险为夷、转败为胜的大作为。领导干部要善于运用辩证思维、科学应对，正确把握危难、挫折和困难，善于抢抓机遇、勇于直面矛盾、敢于担当作为。

踏平坎坷成大道，斗罢艰险又出发。习近平同志指出："不论遇到多少艰难险阻，都要像当过河卒子那样，拼命向前。"越到危急关头，越能考验共产党人的信仰信念；越到关键时刻，越能体现共产党人的担当作为；越是危难面前，越能展现共产党人的党性和

作风。当干部，明知征途有艰险，就应当越是艰险越向前，越是大事难事，越是事态紧急，越是情况复杂，就越要有事可为、有所作为、有所建树和成就。疾风知劲草，烈火见真金。改革发展越向前推进，触及矛盾越深，面临的危难、折磨和困难挑战就越多越大越艰巨。领导干部走好新时代的长征路，要笃定勇往直前、敢打必胜的信念，要保持毫不懈怠、坚忍不拔的韧劲，主动担当作为、知难负重，迎难而上、勇当先锋。

挫折是"存折"，磨砺是"财富"。《荀子·大略》有云："岁不寒，无以知松柏；事不难，无以知君子。"吃一堑长一智。智谋出于急难，巧计生于临危。挫折磨砺人的坚强意志，锤炼人的担当品格，激发人的智慧潜力，一个人大德大智大勇的养成，都是因愈挫愈勇、越磨越强。习近平总书记指出："要信念如磐、意志如铁、勇往直前，遇到挫折撑得住，关键时刻顶得住，扛得了重活，打得了硬仗，经得住磨难。"领导干部要懂得挫折是成长道路上的现实课题，既是懦弱者的"绊脚石"，也是勇敢者的"铺路石"；要牢记"失败是成功之母"，在战斗中学会战斗，在经风雨、见世面的实践历练中，积累经验智慧、增长胆识魄力、练就担当铁肩膀。

山重水复疑无路，柳暗花明又一村。艰难困苦，玉汝于成。习近平总书记指出，要"努力在危机中育新机、于变局中开新局"。困难越多、担当越多，往往机遇越大，收获越多。只有准确把握困难与机遇的相互联系、相互转化的辩证关系，才能真正把握变与不变的基本要求，才能既临危不惧、临危不乱，又敏锐把握危中之机、善于危中寻机、努力化危为机。机遇只会眷顾有准备的实干者。领导干部面对危机、应对变局，既要处变不惊、冷静应变，又要下先手棋、打主动仗，在问题面前不回避、压力面前不躲闪、困难面前不推托、挑战面前不畏惧、逆境面前不退缩，在脚踏实地、担当作为中汇聚思路、探求方法、寻求钥匙，凝聚力量、破解危机、开创新局。

38 党员干部在群众眼里，应成为"石敢当"，做到"干事创业敢担当"

西汉《急就章》记载："师猛虎，石敢当，所不侵，龙未央。"山东民间很多人家门前都立着一块保平安、驱妖邪的"石敢当"灵石，传说讲："石敢当，镇白鬼，压火殃，官吏福，百姓康，风教盛，礼乐昌……""石敢当"已成为百姓心里敢于担当一切的神灵形象和正义力量的化身。新时代，它象征着党员干部"勇担当，敢担当，泰山石敢当"的担当精神和责任意识。领导干部理应成为群众心里的"石敢当"，干事创业敢担当。

打铁必须自身硬，泰山压顶腰不弯。软肩膀挑不起硬担子。无论是干事创业，还是克难攻坚，没有过硬的本领，难以啃下"硬骨头"，最终会贻误发展良机。只有自身硬，干事创业才能敢于担当，才能有话语权和底气，赢得群众信赖。领导干部要成为"石敢当"，要以"石"为本，从骨子里练就石头一样坚毅顽强的品质，不断增强担当意识、强化担当精神、提升担当本领、锤炼过硬作风；要主动到问题集中、矛盾复杂的地方去，经受吃劲岗位、艰苦地区的磨炼，扛一扛重担，磨一磨心志，接一接"烫手的山芋"，当一当"热锅上的蚂蚁"，练就一身能担当的真本领、硬功夫。

一肩挑尽天下愁，敢于担当不滑头。 疾风知劲草，烈火炼真金。在矛盾和问题面前的态度和作为，是群众观察和认识党员干部能力品质的"试金石"。领导干部成为"石敢当"，不是靠行政手段实现的，也不是在唱高调、喊口号、耍滑头中确立的，而是在困难和危难关头，靠担当作为而赢得的。哪里有困难，哪里就有干部成为克服困难的"主心骨"；哪里工作吃劲，哪里就有干部成为担当尽责的"顶梁柱"；哪里群众思想有困惑，哪里就有干部成为答疑解惑的"定盘星"。越是群众关注、需要解决的难题，越要去担当，决不能唱功好、做功差，遇到难题绕道走、耍滑头。领导干部成为"石敢当"，就要"敢"字为先，敢于负责、敢于担当，勇挑重担，不怕事、不避事，敢啃"硬骨头"，敢接"烫手山芋"。

循道而行，功成事遂。 千变化万变化，赢得民心是最大的变化。领导干部要赢得人民群众真心支持拥护，就必须拥有一种既不容邪、又能镇邪的品格，既要敢于担事，又要敢于管坏事，面对损害党和人民利益的人和事，要敢于亮剑、敢于斗争、敢于较真碰硬，就像"石敢当"一样使鬼魅魂飞魄散，成为正义力量的化身和歪风邪气的克星，做到为官一任、保一方"海晏河清"。领导干部要成为"石敢当"，就要"当"字为重，既敢于担事，又要能扛事。领导干部在急难险重考验面前，既要有振臂一挥"我先来""看我

的""跟我上""跟我冲"的豪气，又要有"干给群众看、带着群众
干""经得起群众和历史检验"的底气；要敢于同不良风气作斗争，
对矛盾问题不溜肩、不耍滑，主动负重、坚持原则、勇于担当、敢
抓敢管，敢于较真碰硬"动真格"。

39 要敢于直面问题，矛盾面前不躲闪，挑战面前不畏惧，困难面前不退缩，在关键时刻和危急关头豁得出来、顶得上去、经得住考验

　　毛泽东同志说："没有什么事物是不包含矛盾的，没有矛盾就
没有世界。"任何事物都是矛盾斗争的统一体，充满着矛盾和问题。
新时代新阶段，开启全面建设社会主义现代化国家新征程，需要解
决的矛盾也会越来越多样、越来越复杂。有矛盾并不可怕，可怕的
是对矛盾视而不见、漠然处之，应对无方、束手无策。领导干部敢
于担当，就必须敢于直面矛盾、触及矛盾、化解矛盾，迎接挑战、
战胜困难。

　　勇者视困难为前进的阶梯，弱者视困难为前进的障碍。迎难而
上方显责任担当，挺身而出才是英雄本色。实践证明，党的事业是
在攻坚克难中不断向前推进的，优秀领导干部也是在解决复杂矛盾
中成长起来的。对待矛盾和问题的正确态度就是正视它、解决它。
习近平总书记指出，要敢于直面问题，矛盾面前不躲闪，挑战面前
不畏惧，困难面前不退缩，在关键时刻和危急关头豁得出来、顶得

上去、经得住考验。领导干部要勇于直面问题，强化问题意识，坚持问题导向，敢于迎难而上、挺身而出，在关键时刻能喊出"我来干""我能行"的口号，在是非对错上旗帜鲜明、敢斗争。面对深层次难题，要知难而进，有逢山开路、遇河架桥的精神，积极寻找克服困难的具体对策办法，决不能被眼前困难所吓倒；面对具体矛盾，要跳进矛盾旋涡去寻找化解办法，决不能在挑战面前缴械。

明知山有虎，偏向虎山行。习近平总书记指出："关键时刻冲得上去、危难关头豁得出来，才是真正的共产党人。"狭路相逢勇者胜，该亮剑时就要亮剑，剑不出鞘，再锋利的剑也只是摆设。领导干部在关键时刻和危急关头，要豁得出来、顶得上去、经得住考验，成为带领群众战风险、渡难关的主心骨。遇到紧急危机情况要有胆有识、果断决策，决不优柔寡断、患得患失。要锤炼解决问题的能力和狠抓落实的执行力，以踏石留印、抓铁有痕的精神真抓实干、攻坚克难，把前进道路上的"拦路石"变为"垫脚石"，不断开创新局面、取得新成绩。

40 对分内之事，尽职尽责；对困难之事，攻坚克难；对棘手之事，善于解决；对突发之事，挺身而出；对失误之事，勇于面对

担当是一种境界、一种态度，更是一种责任、一种行动。我们党的历史就是一部担当史，推翻三座大山、建立新中国，是共产党

人的民族担当；实行改革开放、告别贫穷落后，是共产党人的为民担当；进入新时代，实现中华民族伟大复兴的中国梦，更好满足人民群众对美好生活的需要，更需要共产党人的担当。

人在其职，务尽其责。作为当代领导干部，处在什么位置就要做好相应的事。对于岗位工作尽职尽责，这是党和人民的基本要求，也是党员干部应有的个人操守。领导干部要主动摆正心态、认清责任、端正作风，用"不顾其身"的精神，勇于担责，敢于做事，做到本职工作不推诿，碰到问题不上交，目光和精力倾注于工作全过程，稳扎稳打、全力推进，切实做到尽职尽责。

世上无难事，只怕有心人。我们遇到的困难问题或者说棘手的事，不是能不能的问题，而是敢不敢的问题。面对坚和难，首先要敢想敢做，然后在做的过程中，提高水平、增强能力，逐步达到能的境界。领导干部必须直面问题，在面对难题顽疾和急难险重任务时，不躲开不绕开不推托，沉下心去，充分发挥主观能动性，以舍我其谁的气魄，真抓实干，始终保持一种痴劲、钻劲、韧劲、干劲，动真碰硬。要善于通过实践去解决棘手的问题，坚持站在群众的立场想问题、做事情、破难关、解民困，从而在实践中锤炼能力，用心用情为群众解决问题。

岁寒知松柏，危难显担当。习近平总书记强调，要努力成为所在工作领域的行家里手，不断提高应急处突的见识和胆识，对可能发生的各种风险挑战，要做到心中有数、分类施策、精准拆弹，有效掌控局势、化解危机。领导干部要加强学习，培养潜心的专业意识、匠心的专业能力、精心的专业素养、尽心的专业精神，在解决复杂多变的实际问题时展示出应急处突能力的自觉与自信、自发与自立，达到"不畏浮云遮望眼""乱云飞渡仍从容"的境界。

人非圣贤，孰能无过。领导干部在带领广大人民群众干前人没有干过的事业，缺乏可以遵循的现成经验时，需要在没有路的地方走出一条路来。摸索的过程中失误不可避免，关键在于面对失误是否敢于承担责任，是否不推责诿过，愿担当、能担当、善担当，这是对领导干部胸襟、品行、能力、素质的综合考量。领导干部要有直面失误的坦荡胸怀，不退缩、不推诿、不躲闪，勇于正视错误，勇于担当责任，奔着问题去，揪着问题改。

41 责任心就是做任何事情所需的一种平常而力求完美的心态

责任心是个人对自己和他人、对家庭和集体、对国家和社会所负责任的认识，以及与之相应的遵守规范、承担责任、履行义务的自觉态度和行动。责任心就是一种认真负责的态度，态度决定一切。领导干部工作不同、岗位不同，所承担的责任也有大小之分，但要想把工作干好、干出成绩，就必须以一种极端认真负责的态度对待群众、对待工作，力求精益求精。

承担责任是获得尊重的唯一办法。列夫·托尔斯泰曾说："责任心决定生活、家庭、工作、学习的成功和失败。"对工作是否尽心尽责，敢不敢承担责任，是作风和精神状态问题，也是对党和人民的事业的态度问题。共产党人讲的"认真"就是有责任心、负责任的表现，这不仅是我们党的根本工作态度，更是我们共产党人一以贯之的政治本色。领导干部勇于负责是同严谨的科学态度相统一的，是同全局观念紧密相连的。勇于负责绝不是胡乱拍板，更不是为了局部利益任意妄为。任何情况下，是否具有科学的态度，是否自觉地以局部利益服从全局利益，是否坚持不做则已、做就做好的高标准，是对领导干部是否真正有责任心的检验，也是对领导干部党性强弱、领导水平高低的检验。习近平总书记指出，看一个领导干部，很重要的是看有没有责任感，有没有担当精神。责任胜于能力，能力要靠责任来承载，每个组织、每个团队，真正需要的是既有能力又有责任心的人。

只有用心用力，才能尽善尽美。一个人对责任有什么样的态度，就会收获什么样的结果。如果把责任看作奉献，我们就能在履责尽责中完成任务、追求完美、成长成才、实现理想，从而感受到无限的人生快乐。普遍看来，领导干部之间的水平和能力差异不是太大，要说差距，主要是"差"在是否用心，"差"在是否有强烈的责任心。干事创业想要有所成就，为官一任想要造福一方，就必须持有一张写满责任心的"门票"。领导干部要把大事做圆满，事关改革发展稳定的事情，事关群众切身利益的事情，用心调研，用心谋划，用心部署，用心实施，环环相扣、步步审慎，确保取得预期效果；要把小事做精致，对细节负责，不厌其烦，一丝不苟、严谨细致，有始有终、尽善尽美，不断改进工作方式，确保不出纰漏；要把难事做稳妥，遇事不回避、不推托，沉着应对，稳扎稳打，主动思考研究解决，按程序和原则办事，尽自己最大的努力争取最好的结果。

42 面对问题和挑战，必须做到不以事小而不为，不以事杂而乱为，不以事急而盲为，不以事难而怕为，在改革中增强顾全大局的定力、谋事创业的脑力、走基层察民情的脚力，敢于攻难关、涉险滩、破藩篱、动奶酪

人类认识世界和改造世界的过程，就是发现问题、解决问题的过程。习近平总书记指出，要坚持问题导向，坚持底线思维，把问题作为研究制定政策的起点，把工作的着力点放在解决最突出的矛盾和问题上。矛盾越大、问题越多、困难越艰，越要敢于担当、迎难而上、勇往直前。领导干部要突出问题导向，直面问题挑战，敢于担当作为。

不积跬步，无以至千里。拿破仑说："不以小事为轻，而后可成大事。"饭要一口一口吃，事要一件一件做，问题也只能一个一个地解决。敢于直面问题、正视问题，是解决好问题的关键一步，回避和掩饰问题本身就是大问题。习近平总书记强调，干部要"勇于直面问题，想干事、能干事、干成事，不断解决问题、破解难题"。大事考验才干，小事锻炼品质、反映素养。小事不"小看"，小中见大、以小促大，小事孕育着大事，办不好就会影响全局、贻误工作。面对杂事，要善于认真梳理，处理好全面与重点、对上与

对下、对内与对外等关系，做到忙而不乱、有条不紊。急事当前不"急躁"，要急中求"静"、沉着应对，做到思路清晰、急中生智、找准办法。难事面前不"畏难"，要难中求"胜"勇担当，压力面前不低头，在解决难事中推动事业走向成功。

身在兵位，胸为帅谋。大局是战略、是党性，更是大担当。领导干部只有具备顾全大局的定力，自觉树立大局意识，自觉从大局看问题，把工作放到大局中去思考、定位、摆布，才能做到正确认识大局、自觉服从大局、坚决维护大局，使各项工作既为一域争光、又为全局添彩。领导干部要有谋事创业的脑力，敢跳进矛盾的旋涡，啃掉"硬骨头"，以发现问题的敏锐、正视问题的清醒、解决问题的自觉，聚焦问题、深挖根源。既要研判现象，更要把握本质，既要奔着问题去，又要跟着问题走；要有走基层察民情的脚力，站稳人民立场，主动问需于民，实实在在地解决群众的实际问题、实际困难，听实话、察实情、获真知、出实招、办实事、顺民意、暖人心、见成效。

志不求易者成，事不避难者进。习近平总书记强调："面对当前改革发展稳定遇到的新形势新情况新问题，全党同志要有所作为、有所进步，就要敢于较真碰硬、敢于直面困难，自觉把使命放在心上、把责任扛在肩上。"随着改革推进，触及的矛盾越深，涉及的利益关系越复杂，遇到的阻力必然越大。触动利益"奶酪"往往比触及灵魂还难。大问题小问题，只要敢于面对、敢于斗争就不是问题。领导干部要做一个有责任、有勇气、有智慧、有魄力的人，敢于正视任何问题、直面任何挑战，发扬斗争精神，不怕困难挑战，敢于较真碰硬，成为攻难关、涉险滩、破藩篱的强者智者。

43 敢钻"矛盾窝"，问题面前不回避；敢闯"地雷阵"，困难面前不推托

干部的担当，就是在问题面前勇挑重担、敢于负责，在困难面前挺身而出、冲锋在前。领导干部要在危难时刻挺身而出，担当起重任，这样才能让人民群众有更多获得感、幸福感和安全感。

烈火试出真金，困难检验担当。"任其职，尽其责；在其位，谋其政"，这句话说的也是担当。领导干部的担当，是一种能力，是一种品格。在遇到问题、困难时，是否敢于直面，是否敢啃"硬骨头"，是检验领导干部的"试金石"。现实中一些领导干部对待工作不愿负责、不敢担当，见困难就退、遇问题就推、见矛盾就避，以"多一事不如少一事"的消极心态混日子。领导干部就要不怕事，以夜不能寐、闻鸡起舞的精神和意志在自己的岗位上多办实事、多为群众排忧解难，面对问题敢闯敢试，处理矛盾敢抓敢管，迎战困难敢作敢为。

担当作为要养成，放使干霄战风雨。全面建设社会主义现代化过程中，各种复杂矛盾需要我们解决，各项困难需要我们迎难而上。使命催人奋进，责任呼唤担当。难走的路是上坡路，难开的船是顶风船，越是逆风逆水，越是风急浪高，越要勇于担当、善作善成。历史上，我们党在遇到问题困难时，总是"明知山有虎，偏向

虎山行"，勇往直前、攻坚克难，不断从胜利走向胜利。毛泽东同志指出："用百折不回的毅力，有计划地克服所有的困难。"领导干部要始终保持迎难而上的"勇者本色"，有回报社会的"责任担当"，增强担当的能力本领，直面问题不回避、遇到矛盾不躲闪、该出手时就出手，做涉险滩、破坚冰、攻堡垒、拔城池的冲锋陷阵者；要始终把责任记在心上、扛在肩上、抓在手上、落在实处，拿出真抓的实劲、敢抓的狠劲、常抓的韧劲、善抓的巧劲，不断闯关破阵、破解难题、推动发展。

44　敢于担当责任，勇于直面矛盾，善于解决问题

习近平总书记指出，敢于担当责任，勇于直面矛盾，善于解决问题，努力创造经得起实践、人民、历史检验的实绩。一个干部有担当，最重要的是敢于承担难事、棘手的事、得罪人的事，善于处理各种复杂的矛盾。作为领导干部，要有肝胆，要有担当精神，把党和人民赋予的职务看作比泰山还重的信任和责任，深入一线、主动靠前，勇于担责、善于履职，真正扛好肩上的担子。

负责任的时候最苦，尽责任的人最乐。为官避事平生耻，重任千钧唯担当。当前，世界百年未有之大变局加速演进，遇到的困难、挑战和风险更加严峻，亟须领导干部勇担当、敢担责。作为领导干部，只有经常考问自己"该为党和人民的事业做点什么？将来给党和人民留点什么？"增强担当精神，树立责任意识，才能时刻

不忘初心、牢记使命。明责才能履职，履职方能尽责。领导干部要明晰责任，时刻校准偏差，定好位子，清楚该担的责任，做到知责于心、明责于心；要承担责任，把职责扛在肩上、抓在手上，做到履责于行、担责于身。

低标准的尺子只能量到长处，高要求的尺子才能量出短处。 矛盾的普遍性原理告诉我们，时时有矛盾、事事有矛盾、处处有矛盾。领导干部不能在遇到矛盾时知难而退、落荒而逃，让自己在群众面前丢了面子、在党员中丢了里子。大事难事看担当，顺境逆境看襟怀。直面矛盾，不退缩，不害怕，关键是看领导干部有没有担当精神。只要有锐气、善担当，不动摇、重实干，就能凝聚力量、解决问题、战胜困难、推动发展。领导干部要以"是党员就要上"的担当直面矛盾，临危不惧、遇事不慌、阵脚不乱，以雷霆万钧之势扛起职责、担起任务、化解矛盾。

解决问题越多，工作成效越大。 担当背后是品格、是境界，更是能力、是本领。能力水平是担当的底气、担当的根基，勇于担当不是逞匹夫之勇，而是要有着眼大局的视野、创造性解决问题的能力。否则，空喊担当口号、空展担当姿态，不破解难题、不化解矛盾、不突破瓶颈，最终也是于事无补、毫无价值。只有炼就金刚不坏之身，不断提升担当的本领，才能不断破解难题、赢得发展。于危机中育先机，于变局中开新局。领导干部要坚持问题导向，锤炼担当的意志，养成担当的习惯，提高担当的能力，在主动研究矛盾、认真分析问题中寻破解之道、求解题之钥，扛"急难险重"、解"急难愁盼"，让矛盾问题从"绊脚石"变成"垫脚石"，为党分忧、为民造福。

45 从不在困难面前低头，从不在挑战面前退缩

"事者，生于虑，成于务，失于傲。"伟大梦想不是等来、喊来的，而是拼出来、干出来的。我们现在所处的，是一个船到中流浪更急、人到半山路更陡的时候，是一个愈进愈难、愈进愈险而又不进则退、非进不可的时候。风云变幻，最需要的是战略定力；竞争激烈，最重要的是激流勇进；迎接挑战，最根本的是勇于担当。领导干部必须保持永不懈怠的精神状态和一往无前的奋斗姿态，保持斗争精神、增强斗争本领，不怕困难、不畏挑战，既敢于斗争，又善于斗争，切实把改革发展稳定各项任务做实做好。

铆足"拼劲"，擦亮攻坚克难的担当本色。习近平总书记指出："我们国家的发展前景十分光明，但道路不可能一帆风顺，蓝图不可能一蹴而就，梦想不可能一夜成真。"可以预见，未来的征途上，我们会经历许多艰辛和波折，面临许多风险和难题，遇到许多困难和险阻，这就需要广大领导干部勇于攻坚克难，善于战胜各种艰难险阻、风险挑战。唯其艰难，才显勇毅。领导干部不论在哪个岗位、担任什么职务，都要有攻坚克难的勇气和强烈的事业心责任感，始终抱着不怕难、敢负责的态度，把问题摸清楚、把原因分析透、把症结找准确，勇于担当作为、善于攻坚克难。

铆足"闯劲"，彰显奋斗拼搏的担当底色。历史是发展的，历史也是公正的，历史从来都眷顾那些与时偕行的奋进者、直面挑战的勇敢者、善作善成的实干者。俗话说，"闯者为王"。新形势新任务需要我们拿出一种拼劲、闯劲，困难面前不退却，矛盾面前不回

避，勇于开拓，争创一流，先人一拍、快人一步，才能占得先机、赢得主动。如果领导干部激情弱了、魄力丢了、闯劲没了，甚至对工作敷衍塞责，是无法担当起推动高质量发展的历史重任的。领导干部要有责任意识和担当精神，有"舍我其谁"的勇气和"狭路相逢勇者胜"的气势，大胆闯、放手干，努力在攻坚克难中磨炼意志品格、提高思想境界、增强能力才干、成就一番事业。

铆足"韧劲"，锤炼苦干实干的担当成色。习近平总书记强调："空谈误国，实干兴邦。"社会主义不是喊出来的，是百折不挠、实实在在干出来的。没有苦干实干，一遇到困难就打退堂鼓、一遇到挫折就意志消沉、一遇到压力就寝食难安，就不能挑起千钧重担、干出一番事业。艰难困苦，玉汝于成。立足新发展阶段、贯彻新发展理念、构建新发展格局，领导干部要有韧劲和实干精神，增强攻坚克难的勇气和担当，发扬钉钉子精神，察实情、讲实话，鼓实劲、出实招，解难题、求实效。

46 面对非常之事，拿出非常之举，勇担非常之责，力求非常之效

中共中央办公厅印发的《关于进一步激励广大干部新时代新担当新作为的意见》，着重提到"大力选拔敢于负责、勇于担当、善于作为、实绩突出的干部"，"既看日常工作中的担当，又看大事要事难事中的表现"。领导干部不仅要平时看得见，更要在非常时刻

显出来。

烈火见真金，狂风识劲松。敢于担当、善于作为是共产党人的鲜明品格。领导干部在非常时刻挺身而出，成为群众的主心骨，正是检验自身党性的最佳时刻，也是践行初心使命的最佳时刻。领导干部只有做到信念如磐、意志如铁、勇往直前，具有保持处变不惊、坚忍不拔的意志力，才能遇到挫折撑得住、非常时刻顶得住，扛得了重活、打得了硬仗、经得住磨难。要在关键时刻沉着冷静、因事制宜，处变不惊、化危为机，砥砺胆识。

盖有非常之功，必出非常之举。习近平总书记强调："对突发事件要临危不惧、沉着冷静、敢于负责，关键时刻要亲临现场、靠前指挥、果断处置。"提高决断力，领导干部既要有勇，又要有谋。面对急难险重等非常情况，时间紧，任务重，压力大，资源有限，领导干部是在与时间赛跑，只有拿出非常之举，敢做决断、做对决断、做好决断，才能尽快形成正确方案。一方面，要大胆决策，果断拍板，"平常时候看得出来、关键时刻站得出来、危急关头豁得出来"，面对复杂局面和棘手难题不是犹犹豫豫、优柔寡断、摇摆不定，而是快刀斩乱麻、雷厉风行、速战速决。另一方面，要善于思考、勤于思考，"三思而后行"，"谋定而后动"，对各种备选方案进行详细的对比分析，进而确定最优的方案。

掷地有声，行必见效。突发事件来势猛、发展快，稍有不慎，就可能造成严重后果甚至局面失控。这个时候，最考验领导干部的应急处突能力。领导干部要第一时间掌握情况，准确判断事件性质和危害，及时启动应急预案，快速到位展开处置行动，力求在最短时间内控制局势；要搭建结构良好、分工合理的团队，统一领导、统一指挥、统一行动，提高执行效率，确保有力有序有效地处理急难险重任务；要勇担责任，关键时刻模范带头、冲锋在前，才能迅即做出反应，有效凝聚力量，有力采取行动，确保在各种风险挑战面前始终做到"任凭风浪起，稳坐钓鱼船"。

纷繁世事多元应，击鼓催征稳驭舟。提高处理急难险重任务的能力，有效应对各种重大突发事件，确保人民群众生命安全和身体健康，确保经济社会持续健康发展，是各级领导干部特别是"一把手"的必修课。坚强的意志品质不是与生俱来的，是在急难险重任务中磨砺出来的，只有主动到一线去、到任务中去，经受急难险重任务的淬火加钢，才能不断强胆魄、磨意志、练本领。领导干部要不断加强思想淬炼、政治历练、实践锻炼、专业训练，强化处置非常之事的思维能力和心理素质，才能确保在急难险重任务面前从容应对。

47 敢于想别人没想到的事，敢于走别人没走过的路，敢于干别人没干成的事

习近平总书记指出："只有敢于走别人没有走过的路，才能收获别样的风景。"回望中国共产党100年的历史，就是一代又一代共产党人不畏艰辛、不断探索、接续奋进的历程。进入新时代、面对新征程、迎接新挑战，领导干部必须紧跟前进步伐、紧扣时代脉搏，时刻谨记"吃别人嚼过的馍没味道"的告诫，以"敢教日月换

新天"的凌云志气大胆尝试拼闯，不断破旧立新，不断锤炼和提升推动改革发展的能力、做好群众工作的能力、驾驭复杂局面的能力，奋力开创各项事业发展新局面。

树立创新意识，敢于想别人没想到的事。习近平总书记强调，抓创新就是抓发展，谋创新就是谋未来。不创新就要落后，创新慢了也要落后。唯创新者进，唯创新者强，唯创新者胜。在新形势下，思想保守、安于现状，不敢闯、不敢冒，就难以实现事业的跨越式发展。作为领导干部，要增强创新意识，从根本上打破迷信经验、迷信本本、迷信权威的惯性思维，坚决破除因循守旧、墨守成规的落后文化，坚决破除一切不合时宜的思想观念，在把握事物发展客观规律的基础上，勇于变革、开拓创新、敢为人先。

坚持改革精神，敢于走别人没走过的路。日常生活中，人们习惯于走现成的路，图的是省事省时省力，但对一个国家、一个民族而言，走别人走过的路就意味着落后。一个只会跟在别人后面"走路"的民族，永远无法超越别人，因为要付"买路钱"，看别人的脸色，所以永远不能直起腰来走路，无法看到路上的风景。选择走别人没走过的路，肯定会比别人多付出，肯定会面临更多风险挑战，但唯有如此，才能把属于自己的道路走好，走出一道属于自己的风景。当代中国正经历历史上最为广泛而深刻的社会变革，正在进行人类历史上最为宏大而独特的实践创新。在这个船到中流浪更急、人到半山路更陡的时候，领导干部必须要有敢闯敢拼、敢为人先的改革精神，更需要把改革精神发扬到底，大胆试、大胆闯、全力拼、踏实干，以改革精神的无穷力量，闯关夺隘、劈波斩浪，推动各项事业浩荡前行。

锤炼过硬本领，敢于干别人没干成的事。绳短不能汲深井、浅水难以负大舟。倘若水平不够、本领不高、能力不过硬，决心再大，斗志再高，也难干成事。只有本领在手、实力超群，才能想干事、能干事、干成事。习近平总书记强调：“领导干部不仅要有担当的宽肩膀，还得有成事的真本领。”高强本领不是天生的，也不是别人给的，而是在持之以恒的学习和实践中练就的。学习是增强本领的根本之道，特别是在当前各种新知识、新情况、新事物层出不穷的时代背景下，如果我们不努力学习，那就难以增强本领，也就没有办法赢得主动、赢得优势、赢得未来。领导干部增强本领就要加强学习，既把学到的知识运用于实践，又在实践中增长解决问题的新本领，必须牢记“靠本领立身”这个硬道理，切实在学习上下一番真功夫、实功夫、苦功夫，坚持在干中学、学中干，自觉学习各种科学文化知识，主动加快知识更新、优化知识结构、拓宽眼界和视野，在实践中增强本领、解决问题，把学习成果转化为谋划工作的思路、促进工作的措施、做好工作的本领，把别人没干成的事情干好干出成效。

48 担当是履职的“发动机”，要心中有责、主动看齐，在履职尽责上树标杆、作表率

“大事难事看担当，逆境顺境看襟度。”对于一名领导干部来

说，担当作为既是一种政治责任，也是一种行为操守，更是一种思想境界。"担"意在扛起，"当"意在承担，"担当"一词，既有承担、负荷之意，也与责任、本分相关，简单地说就是扛起自己的责任。责任重于泰山，要想扛起责任实属不易，领导干部只有心中有责、主动看齐，才能担当，才能履职，才能作出"无愧于时代、无愧于人民、无愧于历史"的业绩。

领导岗位不是休息场所。担当就是责任，尽责就要履职。一个领导干部好不好，很重要的一条是看有没有责任感，有没有担当精神，有没有尽职履责。"干革命要干到脚直眼闭"，杨善洲同志用全部的生命和心血为党和人民的事业不懈奋斗、鞠躬尽瘁，用实际行动践行了入党誓言。人生苦短，难过百年，而担任领导职务的时间则更为有限，只有倍加珍惜，才能不辱使命。领导干部是党执政为民的骨干，肩上责任重大，担当义不容辞，有多大的担当才能干多大的事业。当前，很多工作要做却又不好做，许多改革需改却又难改，这就需要领导干部强化迎难而上的责任意识，在大事难事面前不回避，在大是大非面前不含糊，敢于担当、知难而进。

以担当诠释尽责，以表率彰显担当。党的方针、政策、路线的落实关乎广大群众的切身利益，群众是我们党的执政之基，群众利益是我们党一切工作的出发点和落脚点。政策落实得好坏主要体现在领导干部的执政理念和责任担当上。当前，站在新的历史交汇点，面对严峻的执政考验和改革发展的全新任务，各种政策不断推陈出新，领导干部只有时刻心怀责任担当，对标对表党中央的各项政策，精准理解政策的含义，事事与党中央的政策看齐，越是形势复杂多变，越是要强化看齐意识，主动在思想上政治上行动上同以习近平同志为核心的党中央保持高度一致，认真履职尽责，敢于担当、勇于担当，坚决把党中央的各项决策部署落地生根，真正做到政策上看齐、行动上落实。

带头就是鲜明的旗帜，垂范就是无声的命令。有一种引领叫作示范打样，有一种担当叫作以身作则。"人不率，则不从；身不先，则不信"，"教者，效也，上为之，下效之"，坚持领导带头、以上率下，是我们党取得成功的重要经验，推进伟大事业，离不开领导干部的身先士卒、率先垂范。领导领导，首先在领，其次是导。领导干部要认真贯彻落实党委制定的战略部署，按照整体工作思路，把践行理念说在嘴上、写在纸上、讲在会上，更需脚踏实地、雷厉风行；要破除等靠要、官本位、不思进取、怕险畏难等问题，把自己摆进去、把职责摆进去，对标找差距、率先革故鼎新，层层立标杆、作示范，形成强大的引领力量，带动一班人、影响一层人、激励一群人。

49 干部之字典，无"困难"二字；干部之道路，无"退缩"之选择

毛泽东同志曾说："什么叫工作，工作就是斗争。那些地方有困难、有问题，需要我们去解决。我们是为着解决困难去工作、去

斗争的。"习近平总书记指出："干工作就是同矛盾和困难作斗争。"社会是在矛盾运动中不断发展前进的，有矛盾就会有斗争，就会有选择。作为党的干部，面对困难矛盾，是选择挺身而出坚决斗争，还是畏惧退缩当逃兵，反映的是公与私的价值判断、勤与庸的价值追求。在和平年代，领导干部虽然很少面临生与死的抉择考验，但是敢于直面问题、敢于攻坚克难的精神品质万万不能丢，干字当头、实字托底的本质要求万万不能忘。

要有"抢着干"的意识。常言道："适时采摘是个宝，过时就是一根草。"抢着干不是大包大揽，也不是抢别人饭碗，更不是抢在上级面前作秀出彩，而是抢抓机遇、抢占先机、抢破难题，下好先手棋，打好主动仗。履职尽责、奋发有为，本是领导干部应具备的基本素质和底线要求。然而，一些领导干部在其位不愿担其责，面对问题不想办法，遇到难题直接绕道走，思想懒惰、行为懒散，甚至奉行"碗洗的越多，打烂的机会越大""只要不出事，宁愿不做事"的错误思想，其实就是怕冒风险、怕出问题、怕担责任。解决问题攻坚克难，机遇和办法一样重要，特别是面对新常态下的新挑战，领导干部必须坚持解放思想、勇于开拓创新，用发展的眼光来认识、分析和把握问题，创造性地提出解决问题的新思路、新举措、新办法，增强抢抓机遇的意识，变危为机，破除困局。

要有"拼命干"的精神。铁人王进喜有句名言："有条件要上，没有条件创造条件也要上。"领导干部是人民群众的领路人，是社会主义事业的中流砥柱，要时时牢记为民初心，处处坚持服务至上，事事带头撸起袖子拼命干。我们一些领导干部在处理问题和矛盾时要么推诿扯皮"打太极"，要么避重就轻"挑肥瘦"，这就是典型的缺乏迎难而上的勇气和精神的表现。事实上，任何事情都不可能一帆风顺，总会遇到挫折、逆境和暗礁，干事创业难免失败，但要切记人生的高度都是跌倒的经历垫起来的。作为新时代领导干部，在遭遇困难和挫折的时候，要始终做到精神不倒、愈挫愈勇，始终敢于迎难而上、敢于拼搏进取。

要有"干到底"的韧劲。事贵有恒。习近平总书记指出："中华民族伟大复兴，绝不是轻轻松松、敲锣打鼓就能实现的。全党必须准备付出更为艰巨、更为艰苦的努力。"人间万事出艰辛。奋斗事业不能期望一夜成真、一蹴而就、一劳永逸，也绝不允许"三天打鱼，两天晒网"，越是美好的未来，越需要我们付出艰辛努力。越是在攻坚克难的关键时期，领导干部就越要有坚韧不拔的意志，越要有一干到底的韧劲，不为各种干扰所左右，不被任何困难所阻挡，紧盯目标，脚踏实地，胸怀"知其难为而为之"的执着追求，做到"千磨万击还坚劲，任尔东西南北风"，锲而不舍地攻克一个又一个难关。

50 担"责"不推，担"事"不躲，担"学"不辍，担"难"不怯，担"忧"不惧

新时代领导干部要压实勇于担当的责任，淬炼善于担当的本

领，敢于担当作为，不推责、不躲事、不怕难、不误事，做到守土有责、守土负责、守土尽责，努力在新时代展现新担当新作为。

有田不耕仓廪虚。有权就有责，在位当尽责，这本应是每一名党员干部都要恪守的基本政治准则，然而，实际工作中的少数干部却喜欢拿"但是"当推责的惯用"推脱词"，不仅败坏了党风、政风、民风，还严重影响了党中央重大决策部署在基层的贯彻落实。领导干部既要有宽肩膀，又要有铁肩膀，认清肩负的责任使命，增强责任之心，用知重负重、担当负责的实际行动诠释对党的忠诚、对人民的赤诚。

事业从实干起步。党员干部为民谋事、踏实干事是本职。如果在工作中经常"避事"，那就是"光撸袖子不干活"的假把式。这种假把式既贻误了事业发展，也损害了干部形象，更会影响党群关系。干一份事业，显一份担当。领导干部要时刻牢记"干字当头"，不断锤炼、不断提高干事能力，认真落实党中央各项政策，脚踏实地干事创业，把小事当作大事来办，推进中国特色社会主义伟大事业不断从胜利走向胜利。

梦想从学习开始。每个人的世界都是一个圆，学习是半径，半径越大，拥有的世界就越广阔。学习是领导干部的看家本领，党的十九大报告把"增强学习本领"列为全党要增强的"八大本领"之首。领导干部要坚持"学无止境、勤学不辍"，加强学习政治理论，尤其是学习习近平新时代中国特色社会主义思想；要加强学习专业业务知识，确保自己成为真正的内行领导；要加强学习领导科学知识，不断适应新时代的要求，实现有效领导。

不畏难就不难。李大钊同志曾说："历史的道路，不全是坦平的，有时走到艰难险阻的境界，这是全靠雄健的精神才能够冲过去的。"前进征程上，越是困难如山、挑战艰巨，越考验着迎难而上的勇气、坚忍不拔的精神、不畏险阻的气魄。领导干部要努力蓄积不畏难的攻坚精神和"志不求易，事不避难"的克难精神，奔着矛盾去、朝着问题改，脚步不停、奋斗不止，这样就没有什么困难不能战胜，没有什么奇迹不能创造。

知者不惑，仁者不忧。身心不忧，才能思虑周详不惧任何挑战，才能切实为人民群众做一些实事，才能得到人民群众的信赖和依靠。领导干部要在学习中领悟、在实践中锻炼、在磨难中考验，不断磨炼和提高个人意志，提升自身的决断力、容忍力和挫折耐受力，正确看待进退得失，不惧风险挑战，提振工作作风、提升工作能力，以不惑、不忧、不惧的良好状态，更加积极地为人民群众服务。

51 要有"朝受命、夕饮冰"的事业心、"昼无为、夜难寐"的责任心

习近平总书记指出，面对艰巨繁重的任务，大家要以强烈的事业心和高度的使命感，兢兢业业做好各项工作，做到敬业守责、尽心尽力。事业是一副沉甸甸的担子，事业心、责任感是每一名干部必须具备的最基本素质。领导干部水平可能有高低、能力可能有大

小，但尽心竭力、高度负责地做好工作是必不可少的。

不患无策，只怕无心。有事业的生命才有质量，有作为的人生才有光亮。高尔基说，"天才是由于对事业的热爱而发展起来的。天才就其本质而论只不过是对事业，对工作的热爱而已"。所谓成功者，无非就是在事业上投入多、收获大的人。事业的根是苦的，花是香的，果是甜的。事业心是做人之本、成事之基，也是成才之道、为官之德。作为领导干部，要用敬畏的心态对待事业，把全部精力和心思都用到改革发展中，有多少力出多少力，有多大劲使多大劲，有多大本事拿出多大本事，只争朝夕发奋工作，满怀激情追赶超越，努力干出一番业绩，展现人生风采，实现人生价值。

事业心是成功的指南针，责任心是成功的压舱石。马克思曾说："有了责任心，生活就有了真正的意义和灵魂。"责任出激情、出勇气、出力量，有了责任重于泰山的情怀，才会取得成绩不揽功、不自满，出现过失不推诿、不塞责。把责任看重些，事业心就会在一个人心中凸显出来，即使面对再大的困难、再复杂的工作、再危险的情况，也都可以全身心应对。领导干部为政一方、掌管一域，若没有"日夜思之"的责任心，就很难把工作做好。只有充分认清自己肩负的重任，充分认清岗位的职责要求，充分认清能力素质的差距，敬畏岗位、热爱岗位，才能迅速适应岗位；只有以时不我待的紧迫感，以坚韧不拔的顽强毅力，勤奋工作，持之以恒，才能丰富自己，提高本领。

52 对于应挑起的担子，顶着压力也要干好；对于应负起的责任，迎着风险也要履行

习近平总书记指出，无论什么时候，该做的事，知重负重、攻坚克难，顶着压力也要干；该负的责，挺身而出、冲锋在前，冒着风险也要担。山以险峻成其巍峨，海以奔涌成其壮阔。在新时代新征程上，不可能一马平川、一帆风顺，少不了"拦路虎"和"回头浪"。领导干部要带头迎难而上、担当任事，敢于顶压力冒风险，在社会主义现代化建设新征程上创造更大奇迹。

负重的肩膀才坚实，奋斗的人生才绚丽。古人云："路不险则无以知马之良，任不重则无以知人之德。"不畏苦寒，自得其芳。现实中，有的领导干部在压力面前不堪一击，平常顶不住社会压力，过节顶不住人情压力，紧要关口顶不住歪风邪气压力，让职位在压力下变了味。雷锋同志曾说："困难像弹簧，看你强不强，你强它就弱，你弱它就强。"改革发展越是向前推进，越会遇见阻力、碰到困难，越会压力重重、挑战不断。这就需要领导干部有一副"铁肩膀"，能够挑得起重担、顶得住压力、蹚得了泥水、冲得破阻力、载得下人民冷暖，拿出破釜沉舟、舍我其谁的勇气、意志和决心，坚决向顽瘴痼疾开刀，向障碍藩篱宣战。

只顾个人"后路"，事业就不会有"出路"。做事当然不是不要考虑"风险"和"后路"，但要考虑是什么"风险"、是谁的"后路"。优秀的干部，遇事总是先作"价值判断"，只要有利于党和国家的事业，有利于增进人民福祉，即便再复杂的矛盾、再艰难的问

题，也要迎难而上，努力闯出一条"出路"。但也有些干部，遇事往往先作"技术判断"，总是在想"有没有个人风险""会不会没有后路"，结果就是简单按部就班，循规蹈矩，不想改革创新，甚至挑肥拣瘦，最终无所作为。领导干部理当面对风险挑战不退避三舍、畏惧不前，面对棘手问题不瞻前顾后、拈轻怕重，要勇于挑最重的担子、敢于啃最硬的骨头、乐于解最难的考题，做新时代的"疾风劲草""烈火真金"。

53　扛起非常之责，落实非常之策，汇聚非常之力

事业之成、发展之兴关键在领导干部。领导干部是积极推动各项事业发展的骨干力量、中坚力量，其责任感、事业心、精气神直接影响各部门、各单位甚至各地区的发展速度和发展质量。只有不断强调责任担当、务实落实、团结力量，才能守护好初心使命，才能真正站在为人民服务的高度上推动各项工作高质量发展。

非常之期担非常之责，关键时候尽关键之力。习近平总书记指出："共产党人的忧患意识，就是忧党、忧国、忧民意识，这是一种责任，更是一种担当。"对领导干部来说，党和人民的事业是一份光荣的使命，更是一份沉甸甸的担子。因此，领导干部应该带头担起非常之责，挑最重的担子、啃最硬的骨头，做明亮的"燃灯者"，为人民办好复杂的事、办成难办的事，积极践行"在其位、谋其政、担其责"，在逆境和困境中寻找发展的道路，冲锋改革前

线，拼在攻坚火线，为实现中华民族的伟大复兴而倾尽自己的一份力量。

行非常之策，以取非常之功。习近平总书记强调："如果不沉下心来抓落实，再好的目标，再好的蓝图，也只是镜中花、水中月。"政策最怕的是"不落地""拐弯走"，只讲担当，不讲落实，政策再好，认识再高，也没有办法推进。当前，我们面临着中华民族伟大复兴的战略全局和世界百年未有之大变局这"两个大局"，领导干部做工作更应该有钉钉子精神，保持力度、保持韧劲，落实好各项重大政策方针，集中精神贯彻到位、真抓实干、落实到底。看准时机做工作，站在发展的主线上，推动落实成熟可行的方针策略，做到件件有着落、事事有回音。

千人同心，汇聚千人之力。习近平总书记指出，"实现中国梦必须凝聚中国力量"。这就是中国各族人民大团结的力量。可见，实现中华民族伟大复兴是一个长期而艰巨的过程，需要凝聚磅礴之力，才能实现质的飞跃。民族复兴，念兹在兹；汇聚力量，夙夜萦怀。领导干部要团结带领广大党员、干部、群众扛起责任，积极作为、狠抓落实、开拓创新，改善民生，凝聚人心，为实现发展目标提供源源不断的强大力量；要在知行合一中凝聚勃发的"中国力量"，动员各族人民、中华同胞，心往一处想，劲往一处使，以实际行动扛起重任，用坚定的步伐踩实每一份担当，以不可战胜的磅礴力量激励中华民族一往无前。

54 伸出肩膀扛起担当，举起双臂托起担当

习近平总书记强调："改革推进到今天，比认识更重要的是决心，比方法更重要的是担当。"正是以人民群众美好生活为念，一代代中国共产党人以强大的使命担当，在老百姓心中树起了不朽的丰碑。走进新时代，领导干部要牢记党的宗旨使命，牢记人民的期待，主动担当、自我加压，用辛勤努力换来群众更多的获得感、幸福感、安全感。

磨砺敢担当的"宽肩膀"。俗话说，软肩膀挑不起硬担子。宽肩膀只能在干事创业中练就，多做几次"热锅上的蚂蚁"，多经受一些急难险重的考验，肩膀才会越来越宽，担子才会越挑越重。一个人，当他肩膀上担起了责任，他就应该为所担当的责任竭尽全力。一心为公、心系人民，是担当的思想基石。勇担当、敢负重、有作为，是中国共产党人固有的政治本色。领导干部的担当，不是喊口号、拍胸脯，应当体现在"在岗一分钟，奋斗六十秒"的坚守中，体现在服务人员雷打不动的真诚微笑里，体现在为群众办的每一件好事实事里。对领导干部而言，手中握有权力，意味着肩上扛着责任，就必须尽责担当，在履职中用"宽肩膀"尽责担当。领导干部要以担当的宽肩膀扛起重任，要挽起袖子，俯下身子，坚定信念，更加主动地拥抱新时代，用逢山开路、遇水架桥的闯劲，滴水穿石、久久为功的韧劲啃硬骨、涉险滩。

练就能担当的"铁手腕"。习近平总书记指出："广大党员、干部要在经风雨、见世面中长才干、壮筋骨。"面对人民群众对美好

生活的迫切向往，敢不敢担当、善不善作为、能不能成事是摆在领导干部面前的时代考题。走进新时代，党员干部要牢记党的宗旨，牢记人民的期待，牢记职责与使命，主动担当、自我加压，把本职工作当作担当有为的舞台，真正做到"平常时候看得出来，关键时刻站得出来，危难关头豁得出来"，努力在平凡的岗位上作出不平凡的业绩，用辛苦指数换取人民群众的幸福指数。

55 以历史的大视野来读懂责任，以时代的新标尺来认清责任，以人民的新期待来强化责任

"责任"二字历来都不是简简单单、轻轻松松的。现实中有的干部只表态、不行动，回避矛盾、推诿扯皮，这归根到底是没有理解透"责任"二字背后沉甸甸的担当。领导干部只有立足自身，以历史、时代、人民"三个维度"来读懂责任、认清责任、强化责任，才能努力作出无愧于时代、无愧于人民、无愧于历史的业绩。

知其史方能激其志，激其志方能尽其责。古人尚且知道"国家兴亡，匹夫有责"，敢于担当更是中国共产党人的鲜明品格。从诞生之日起，我们党就以实现中华民族伟大复兴为己任，一代又一代共产党人前赴后继、英勇奋斗，书写了矢志不渝的历史担当。没有一代又一代人勇往直前、持之以恒的担当作为，就没有今日中国蓬勃发展的壮丽景象。当前，国内外形势正在发生深刻复杂变化，我国发展仍处于重要战略机遇期，领导干部要有责任重于泰山的意

识，坚持党的原则第一、党的事业第一、人民利益第一，保持永不懈怠的精神状态和一往无前的奋斗姿态，勇于挑最重的担子、啃最硬的骨头，干在实处、走在前列，创造无愧于历史的新业绩。

担当新使命，奋进新时代。唯其艰难，方显勇毅；唯其磨砺，始得玉成。中华民族伟大复兴，绝不是轻轻松松、敲锣打鼓就能实现的，少不了风风雨雨、沟沟坎坎，必须准备付出更为艰巨、更为艰苦的努力。领导干部要保持斗争精神，敢于直面风险挑战，知重负重、攻坚克难，以坚忍不拔的意志和无私无畏的勇气战胜前进道路上的一切艰难险阻。越是形势复杂、挑战严峻，领导干部越要以这样的意志和勇气，投入具有许多新时代特点的伟大斗争，在新的起点上贯彻新发展理念、构建新发展格局、实现新目标，向时代交上一份合格答卷。

人民群众对美好生活的向往，就是我们奋斗的目标。立党为公，执政为民。我们所做的每一项工作，都是为了顺应人民的期盼，为了加快推进全面建成小康社会的伟大事业，让人民过上幸福美好的生活。习近平总书记强调："我们的人民热爱生活，期盼有更好的教育、更稳定的工作、更满意的收入、更可靠的社会保障、更高水平的医疗卫生服务、更舒适的居住条件、更优美的环境，期盼着孩子们能成长得更好、工作得更好、生活得更好。"领导干部必须以不忘初心的为民情怀，切实担负起让人民群众过上更加幸福美好生活的政治责任。要把人民放在心中最高位置，时刻记挂百姓安危冷暖，全心全意为人民谋利益，多做打基础利长远惠民生的实事，不断增强人民群众的获得感、幸福感。

56 不忘担当之责，不减担当之志，不松担当之弦

习近平总书记指出："改革推进到今天，比认识更重要的是决心，比方法更关键的是担当。"从精神价值层面讲，担当体现的是一种气魄、责任、胸怀；从实践价值层面讲，担当体现的是一种智慧、能力、本领。面对当前改革发展稳定遇到的新形势新情况新问题，领导干部更要敢于担当、积极有为。

得了位子，就不能忘了担子。担当精神是共产党人从历史中继承的优秀品质。习近平总书记指出："我们共产党人的忧患意识，就是忧党、忧国、忧民意识，这是一种责任，更是一种担当"，"敢于担当责任，勇于直面矛盾，善于解决问题，努力创造经得起实践、人民、历史检验的实绩"。中国共产党为人民服务的担当精神赢得了中国人民的拥护和爱戴，中国政府做负责任大国的担当精神赢得了世界各国对中国的理解和支持。历史的接力棒传到了我们手里，责任重于泰山，决不能有丝毫的动摇、懈怠和辜负。

得到了支持，就不能忘记责任。习近平总书记指出，"新征程上，不可能都是平坦的大道，我们将会面对许多重大挑战、重大风险、重大阻力、重大矛盾，领导干部必须有强烈的担当精神"。新时代领导干部要有担当的志气，树立积极乐观的心态，不懈怠、不抛弃、不放弃，不达目的誓不罢休；要有担当的勇气，带头打硬仗、敲重锤、攻难关、克险阻，直至最后胜利；要有担当的底气，加强党性修养，强化理论武装，提升专业素养和专业能力，一身正气、廉洁奉公。

第三篇

担当之基

57 知难不怕难，扛事不避事，担责不推责

习近平总书记指出："我们现在所处的，是一个船到中流浪更急、人到半山路更陡的时候，是一个愈进愈难、愈进愈险而又不进则退、非进不可的时候。"比认识更重要的是决心，比方法更关键的是担当。敢于"扛难"、勤于"扛事"、勇于"扛责"就是干部的担当。

干事不怕难，才能解真难。困难就像弹簧，你弱它就强，你强它就弱。强者，藐视困难；弱者，仰视困难。与其知难而退，不如迎难而上。做一个不怕难的人，就没有什么困难能将你难倒。在战胜困难中摆脱困境、走向成功，是共产党人的鲜明政治品格。毛泽东同志说过，"我们共产党人是以不怕困难著名的"，"种种困难，遇到共产党人，它们就只好退却"。面对"十四五"时期的艰巨繁重任务，领导干部要把克服困难、战胜困难当作重大政治任务，敢于在顶风逆水中搏激流，在解困排难中促发展。

扛事不逃避，领导题中义。清末名臣曾国藩在其《治心经》里说："为官以避事为耻。"意思是官员要以"不避事"为己任。能扛

事、担起事、善成事，既是一个干部政治成熟的表现，也是事业发展的需要。如果领导干部偏听偏信"多做多错"，"爱惜羽毛"，打得一套推、拖、绕、躲"太极拳"，"多一事不如少一事""事不关己，高高挂起"，就会沦为群众眼里的"官混子""老油条"，就会逐渐失去人心。问题不会因你绕道而行就不存在，矛盾不会因你不触及就自然化解。领导干部要以"公堂木偶"自警，以"尸位素餐"为忌，眼中有活、心中有策，一件事情接着一件事情去办、一个问题接着一个问题去解决，以实干彰显价值，以有为促进有位。

权力大了更当敬畏职责，责任重了尤需砥砺奋进。习近平总书记指出，看一个领导干部，很重要的是看有没有责任感，有没有担当精神。责任是一种担当，是对党的事业负责，是各级领导干部的神圣使命。敢于担责，才能做到心在事业上，才能积极有为，才能有扎实务实的作风。领导干部若抱着终日和稀泥、天天保平安的心态干工作，工作就无法取得新进展，高质量发展就没有指望。清初东鲁古狂生在《醉醒石》一书中这样总结明朝垮台的原因："国事之败，只缘推诿者多，担当者少。居尊位者，以地方之事委之下僚；为下僚者，又道官卑职小，事不由己。"领导干部要勇于担当，敢于碰硬，自觉做到对事业负责、尽责、担责，凝心聚力，不断推动党和人民事业发展。

58 把困难当作磨砺，把吃苦当作锻炼

大自然里，树木饱经风吹雨打，折伤愈合后会形成疤节。疤节

虽难看，却往往是树木最坚硬的部分，坚实地支撑着树木成长、直耸蓝天。树木如此，人生亦如此。一个人若只想安逸，就会怕困难、怕吃苦，结果就会被困难所困，难以成长成才，这就是人生的辩证法。领导干部要善待困难与痛苦，问题面前不绕道，苦难面前不回避，困难面前不低头，勇于在逆境中摸爬滚打，砥砺品行、增长才干。

敢担难事，能长本事；不畏苦寒，自得其芳。愿不愿直面问题困难，敢不敢吃苦克难，考验的是担当，决定的是成败。古往今来能吃苦受磨难而成伟业者比比皆是。孟子曰："天将降大任于斯人也，必先苦其心志，劳其筋骨，饿其体肤，空乏其身，行拂乱其所为，所以动心忍性，曾益其所不能。"俗话说："下河莫怕漩涡多，打铁莫怕火烫脚。"矛盾多、风险大、责任重的地方，往往是最能锻炼人、成就人的地方，最需要出力气，也最能长力气。领导干部只有主动走出舒适区，在困难吃苦中磨炼意志、坚定信仰，才能在遇到挫折的时候撑得住、关键的时刻顶得住，成长为忠诚、干净、担当的好干部。

吃过了苦才懂得甜，受过了难才有成长。领导干部能否勇于担苦、担难、担重、担险，既是事业心、责任感和党性修养的"试金石"，也是衡量素质高低、称职与否的重要标尺。领导干部要强化事不避难、义不逃责的担当，把困难与吃苦当作斗志的催化剂，知难而进，迎难而上，直面棘手问题、复杂矛盾，困难再多也不打退堂鼓，阻力再大也不胆怯畏缩。要把困难与吃苦当作才智的生长点，在应对难事、急事、大事中，磨炼和展现过硬的胆识和才干；把困难与吃苦当作发展的突破口，咬定目标、紧盯难题，以敢为人先、独辟蹊径的闯劲，开辟一片新天地、干出一番大事业。

59 问题面前不回避，压力面前不躲闪，困难面前不推脱，挑战面前不畏惧

为官从政无功就是有过，平庸也是失责。全面建设社会主义现代化过程中，各种复杂矛盾需要解决，各项困难挑战需要我们迎难而上。领导干部要敢于攻坚不怕压力，主动干事不怕困难，善于突破不怕挑战，对于应该做的事，顶着压力也要干，对于应该负的责，冒着风险也要担，直面问题不回避，敢于担当破难题，不断创造无愧于新时代的光辉业绩。

路不险无以知马之良，任不重无以知人之能。习近平总书记强调："我们做人一世，为官一任，要有肝胆，要有担当精神，应该对'为官不为'感到羞耻。"判断一个领导干部有没有担当精神，不仅要观其日常工作表现，而且要看其攻坚克难行为。当前，身处世界百年未有之大变局，面临的困难和挑战无论规模还是复杂程度都是罕见的。要有效应对这些困难和挑战，需要每个领导干部切实担当起历史使命，勇于跳进矛盾的旋涡，直面问题、承担压力、化解困难、消解挑战。领导干部要把担当精神内化于心、外化于行，使勇于担当真正成为一种觉悟、一种品格、一种责任、一种习惯，

主动奔着困难问题去，迎着挑战压力上，勇于并善于破解难题，真正做到平时工作看得出来、关键时刻站得出来、危急关头豁得出来，做时代的"疾风劲草""烈火真金"。

勇于挑战破难关，敢于担当解难题。中国共产党是不畏惧任何艰难的政党，中国共产党人具有知难而进、迎难而上的斗争品质。在急难险重中带头勇挑重任，站队首、当先锋、作表率，最能体现领导干部的担当。领导干部只有始终把群众的疾苦放在心上，把党的事业扛在肩上，以坚定不移的信念直面困难，以奋进务实的姿态躬身实践，以攻坚克难的精神破解难题，才能不惧怕困难问题、压力挑战，才能在工作岗位上发光发热，不断取得胜利。领导干部要增强担当信心，培育实事求是、无私无畏的政治勇气和逢山开路、遇河架桥的决心魄力，以明知山有虎、偏向虎山行的过人胆识，勇于跳进矛盾问题的旋涡，直面困难、化解危机，切实担当起历史使命，真正为一个地方的稳定发展担当、为一方百姓的幸福安宁担当。

60　受命忘其"难"，临阵忘其"惧"，受惑忘其"私"

"受命之日则忘其家，临阵之时则忘其亲，击鼓之时则忘其身。"家可忘、亲可忘、身可忘，忘记的是"小我"，彰显的是忠诚；忘掉的是生死，铭记的是使命。"忘"的背后，是"平生铁石心，忘家思报国"的家国情怀、"捐躯赴国难，视死忽如归"的牺牲精神、

"震响骇八荒，奋威曜四戎"的使命担当。可以说，"忘"是一种价值境界，体现着一种责任与使命、力量与担当。

身先士卒不怕苦，逆水行舟不惧难。当共产党的干部就是为人民服务，理所当然要心中有责、躬身干事，与困难作斗争、用斗志挺担当。当年，焦裕禄同志立下"拼上老命大干一场，决心改变兰考面貌"军令状，带领兰考人民翻淤盖沙、筑坝拦水、植树造林、根治"三害"，干在群众中，睡在工地上，走在田埂间，吃在百姓家，用生命谱写了一曲"革命者要在困难面前逞英雄"的壮歌。今天，面对改革发展、经济转型、乡村振兴、生态治理等诸多困难，只有接受任务不怕难、担当使命不怕艰，把责任扛在肩上、任务抓在手上、勇毅铆在心上，才能闯关夺隘、克难破坚，推动事业走向新的更大胜利。面对新任务、新挑战，领导干部要敢闯敢干、敢为人先，敢抓敢管、敢于碰硬，敢作敢为、敢于承担，带头实干兴业、带头履职尽责、带头谋事干事、带头凝神聚力，千方百计抓好工作落实，兢兢业业推动事业发展。

勇者无畏，智者无惧。习近平总书记曾多次强调，党员干部迎难而上、挺身而出的重要性，指出干部就要有担当，有多大担当才能干多大事业，尽多大责任才会有多大成就。在困难面前，在危急时刻，在压力之下，是直面困难、迎难而上，还是临阵脱逃、望而却步，是检验领导干部是否对党忠诚的"试金石"、是否担当作为的"测试器"。挺身而出，需要有一颗对党无限忠诚的心；迎难而上，最能彰显担当忠诚。沧海横流，方显英雄本色。领导干部要深知身上的重担和责任，积极到重大斗争一线，提升自我修养、能力素质，真正做到处事不惊、遇事不慌、有事不怕。

公则不为私所惑，正则不为邪所媚。习近平总书记指出："衡量党性强弱的根本尺子是公、私二字。"毛泽东同志为自己定下三条原则：恋亲，但不为亲徇私；念旧，但不为旧谋利；济亲，但不以公济私。邓小平同志说，既然当了共产党人，就不能够做官，不能够有私心杂念，不能够有别的选择。面对诱惑时，在公与私之间如何取舍，照见共产党人的忠诚与担当。权力姓公不姓私。大贤秉高鉴，公烛无私光。领导干部要时时以公"字"为标尺，正言正行正心，不为私欲所动、不为私利所惑、不为私情所困，自觉做到履行职责为公、行使权力为民。

61 遇到责任不推诿，碰到困难不退缩，见到难事不躲避，原则问题不让步，歪风邪气不迁就

习近平总书记强调："能否敢于负责、勇于担当，最能看出一个干部的党性和作风。"忠诚履责、尽心尽责、勇于担责，是中国共产党人的鲜明政治品格。领导干部要强化责任意识想担当、坚守党性原则敢担当、练就过硬本领会担当。

保持敢于担责、勇于负责的气魄。敢不敢负责任，能不能担重任，会不会解难题，是检验党员干部综合素质的重要尺度。不推诿责任，敢于直面问题、解决问题，才是领导干部对待责任的正确态度。实际工作中，有的党员干部"躲"字当头、"推"字当先，善

于"踢皮球""打排球";有的奉行"明哲保身,但求无过",不敢接"烫手山芋",不敢定事作决断,只会层层请示、层层画圈,这类人丧失了党员干部该有的事业心、责任感,无视职责使命、甘愿尸位素餐,为人民群众所不耻。新时代,领导干部应该具备"铁肩担道义"的胆识,把工作当事业,做到事不避难、勇于担责,凡是有利于党和人民的事,不管需要承担什么样的责任,都要敢于担当责任,勇于直面矛盾,善于解决问题,不推诿、不扯皮,不计较个人得失,不揽功推过。

保持迎难而上、敢作敢为的斗志。世上无难事,只要肯攀登。焦裕禄同志曾说:"革命者要在困难面前逞英雄。"我们党自成立以来,之所以能一路披荆斩棘、破浪前行,跨过一道又一道沟坎,取得一个又一个胜利,一个重要原因,就是我们党在前进过程中面对困难从不畏惧、不退缩。有困难并不可怕,可怕的是缺乏战胜困难的信心与勇气。只有敢于直面困难、正视矛盾,敢啃"硬骨头"、勇挑重担子,挺身而出、冲锋在前,做到义无反顾,敢于决断、敢于负责,才能成为带领人民群众攻坚克难的主心骨。

保持正直无私、光明磊落的正气。是则是,非则非,坚持原则是党员干部应有的立场。习近平总书记指出:"领导干部要坚守正道、弘扬正气,坚持以信念、人格、实干立身。"领导干部要敢于较真碰硬,发扬斗争精神、增强斗争本领,在矛盾冲突面前敢于迎难而上,在危机困难面前敢于挺身而出,在歪风邪气面前敢于坚决斗争;在涉及根本性问题、原则性问题时,在事关方向、道路、全局等大是大非面前敢于亮剑,坚持原则、寸步不让。硬气来自底气，无私方能无畏。要以身作则、率先垂范，坚持秉公用权，一身正气，刚正不阿。

62 "初生牛犊不怕虎"的胆气，"敢教日月换新天"的志气，"狭路相逢勇者胜"的豪气

习近平总书记指出，党看干部主要就是看"肩膀"，看能不能负重，能不能"超负荷"。作为党和国家事业的中坚力量，领导干部必须打起十分精神，挑起最重的担，扛起最大的责，敢啃最硬的骨，在实践实战中不断厚实敢担当会担当的铁肩膀，在新时代浪潮中持续激发奋勇争先的精气神，做新时代的开路先锋。

鸟无翅膀不能飞，人无胆气无作为。习近平总书记指出："青年要保持初生牛犊不怕虎、越是艰险越向前的刚健勇毅，勇立时代潮头，争做时代先锋。"初生牛犊不怕虎，其实就是与生俱来的一股冲劲、一股朝气，对想做的事敢试敢为，勇做先锋，不做过客、不当看客，不贪图安逸、不惧怕困难、不怨天尤人，为事业搏击、为人民奉献。一切视探索尝试为畏途、一切把负重前行当吃亏、一切"躲进小楼成一统"逃避责任的思想和行为，都是胆小懦弱的表现，都是成不了事的。领导干部要具备"初生牛犊不怕虎"的胆识，不怕苦、能吃苦，不怕难、能克难，勇于艰苦奋斗、敢于做时代先锋，在全面建设社会主义现代化中闯新路、创新业。

树怕无皮，人怕无志。"有志者，事竟成，破釜沉舟，百二秦

关终属楚；苦心人，天不负，卧薪尝胆，三千越甲可吞吴。"志气，是人生的引航灯，时刻指引着前行的方向。志气涵养着理想，志气塑造着人生。有了远大的志气，才不至于在茫茫大海中迷失方向，失去目标。领导干部要涵养志气，坚定理想，坚守信念，树百折不挠、越挫越勇的斗志，不畏难、不畏苦，朝着既定目标奋勇前行。

气为兵神，勇为兵本。在形势十分险恶的情况下与敌人交战，双方都面临险境，谁勇敢谁就能取得胜利。"狭路相逢勇者胜"，体现的就是英勇不屈的抗争精神和与敌人血战到底的英雄气概。"天地英雄气，千秋尚凛然。"长征路上，面对"天上每日几十架飞机侦察轰炸，地面几十万大军围追堵截"，红军平均每天急行军50公里以上，平均3天就遭遇一次激烈战斗，还时时面对饥饿、寒冷、伤痛的威胁。然而，官兵们以顽强的战斗作风、坚韧的战斗品格，突破重重封锁，以血肉之躯开辟胜利之路。面对内外部环境的深刻变化，领导干部要锤炼"顽强的心"，有横刀立马的豪气、舍我其谁的勇气、一往无前的士气，在新时代伟大斗争中尽显英雄本色。

63 没有担当，忠诚就会黯然失色；没有担当，干净也会大打折扣

习近平总书记强调："贯彻新时代党的组织路线，建设忠诚干

净担当的高素质干部队伍是关键。"忠诚干净担当，体现了共产党人的政治立场、价值追求和道德风范，体现了领导干部做人做事做官的高度统一。对党忠诚是领导干部的政治品格，个人干净是领导干部做人的底线，敢于担当是领导干部为官的职业素质，三者是一个有机统一的整体，相辅相成、缺一不可。敢于担当是对党忠诚的具体表现，敢于担当才会自觉树牢廉洁底线。没有担当，忠诚变为口号，干净成了空谈。

危身奉上，险不辞难曰忠。习近平总书记强调："对党忠诚必须始于足下。如果连本职工作都没做好，不担当不作为，把党组织交给的'责任田'撂荒了甚至弄丢了，那就根本谈不上'两个维护'！"担当与忠诚，就像是手心与手背的关系：勇于担当的人，一定忠诚；忠诚的人，一定勇于担当。担当是对党忠诚的"试金石"。当前，一些领导干部不愿担当、不敢担当的问题还比较突出，从某种程度上说，还是因为没有深刻地理解"担当"二字的内涵，没有意识到"不担当就是不忠诚"。只有磨砺担当的政治品质，把忠诚体现在铁肩义胆担当上，撸起袖子，迈开步子，积极作为，方能激发动力、开创业绩。领导干部要把担当作为鲜明的政治品格，立足本职，在急难险重工作中走在前、作表率，以自觉担当的实际行动体现对党忠诚。

为官不为，再干净也是过。干净不是不作为的挡箭牌。现实中有些干部不追求金钱、权势等特定的利益，但躺在"安乐窝"里，不冒风险、不担责任，表面上不为自己谋取不正当的利益，但实际却处处为自己打算。没有担当，不干事、不承担责任，成了"庸官""太平官",所谓的干净也失去了意义。习近平总书记指出,必须正确处理干净和担当的关系,决不能把反腐败当成不担当、不作为的借口。领导干部要将干净和干劲、勤政和廉政统一起来,既心存敬畏、手握戒尺,也勇于担当负责,积极主动作为,以"越是艰险越向前"的干劲,以"身正不怕影子斜"的定力,满怀热忱干事、光明磊落干事、干干净净干事,努力创造出无愧于时代、无愧于人民的优秀业绩。

64 所谓坚强,没有多神圣,只是在挫折面前不改本心

挫折,是指人们遇到的既令人失望、痛苦、沮丧,又让人难以克服的阻碍。习近平总书记指出:"一个人也好,一个政党也好,最难得的就是历经沧桑而初心不改、饱经风霜而本色依旧。"对领导干部而言,勇于战胜困难挫折,始终坚守本心、守住初心,是永葆共产党员先进性和纯洁性的基本要求,是能够历经磨难而不衰、千锤百炼更坚强的根本保障。

凤凰涅槃才能重生,本心不改方能坚强。北宋名臣范仲淹被宋仁宗任命为右司谏不久,国内不少地方接连发生严重旱灾和蝗灾。范仲淹对此忧心忡忡,奏请宋仁宗尽快派员前往灾区安抚百姓。宋仁宗虽点头称是,数日过去却迟迟不见动静。范仲淹心急如焚地追问皇上:"如果后宫半日绝粮,您认为会怎样?"宋仁宗闻言一时语塞,深受震动,当即决定派范仲淹火速赶往灾区救灾。面对

宋仁宗的刁难挫折，范仲淹之所以能够"为民请命"，绝非一时心血来潮，实乃发乎本心。这个本心，就是"为官从政先存百姓"的担当精神。古代良吏不怕挫折坚守为民本心的故事，对于今天的领导干部同样具有借鉴意义。实现中华民族伟大复兴的道路上，有绚丽彩虹也有狂风骤雨。领导干部要在困难挫折中时刻保持"做人、为官、入党"的本心初心，不断强化政治信仰，不断彰显坚强本性、担当本色。

大海里没有礁石，激不起浪花；挫折中守不住本心，成不了强者。坎坷挫折是干部成长、成才的"助推剂"，只有历经风雨才能见彩虹，只有历经磨难才能变坚强。事业面前，面对困难、挑战，敢于负责、勇于担当、不易本心，既是使命所在，也是强烈事业感的表现、党性强弱的考验。领导干部要用信仰信念补钙，不畏困难、勇往直前，本心不改、砥砺前行；要用使命担当强心，立起自己人生的灯塔，在遇到挫折时，多向人生的更远处想一想、看一看，努力克服困难、战胜挫折、永葆本心。

65 永葆"赶考"状态，在学思践悟中掌握攻坚克难的"真本领"

党中央从西柏坡动身前往北京时，毛泽东同志说："今天是进京赶考的日子。"70多年的实践充分证明，我们党在这场历史性考试中取得了优异成绩。同时，我们党也清醒地认识到，这场考试还在继续。习近平总书记强调："始终保持奋发有为的进取精神，永葆党的先进性和纯洁性，以'赶考'的清醒和坚定答好新时代的答卷。"走好新时代的长征路，需要我们始终保持"赶考"的清醒和坚定，始终牢记、努力践行中国共产党人的初心和使命。

事业无止境，"赶考"无穷期。领导干部要在加强理论修养和理论思考上下功夫，系统学习马克思主义理论特别是中国特色社会主义理论体系，培育浓厚的理论兴趣，夯实理论功底。学会运用理论思考善恶、矫正价值取向，学会运用理论思考是非、提高思想水平，学会运用理论思考利害、增强政治鉴别力，真正做到与党在思想上同心同德、目标上同心同向、行动上同心同行，接好"接力棒"，走好"长征路"，保持一往无前的奋斗姿态，永葆"赶考"的坚定。

前行不忘来时路，初心不改梦归处。中国共产党人的初心和使命就是为中国人民谋幸福，为中华民族谋复兴。历史一再证明，一个政党确立了宏伟目标后，要顺利实现自己的目标，一个必要条件就是做到始终如一、善始善终。领导干部必须深刻认识到党的先进性不是一劳永逸的，过去先进不等于现在先进，现在先进不等于永远先进，要放下架子、扑下身子，"拜人民为师，向人民学习"，把群众面临的问题发现出来，把群众创造的经验总结出来，从而淬炼成真本领，把"为人民服务"的精神发扬光大。

困难逼人想办法，实干才能练能力。坚持"干"字当头，"实"字托底，坚持说到做到，学践并重，做起而行之的行动者、不做坐而论道的清谈客。我们面临的发展机遇前所未有，面临的风险挑战也前所未有，领导干部要起而行之、勇挑重担，积极投身新时代中国特色社会主义伟大实践，经风雨、见世面，真刀真枪锤炼能力，以过硬本领展现作为、不辱使命；要扛起责任、经受考验，在大考中磨砺责任担当之勇，变压力为动力，敢于迎难而上，结合实际把党中央各项决策部署抓实抓细抓落地，确保完成各项目标任务，进而向全面建成社会主义现代化强国的宏伟目标进发。

66 看的就是担当，靠的就是作为，拼的就是实干

习近平总书记指出："干部成长无捷径可走，经风雨、见世面才能壮筋骨、长才干。"一棵树苗，唯有经历风吹、雨淋、日晒、虫害等挑战，才能长成参天大树；一名干部，也唯有经受意志定力、敢于担当、善于作为、勤于实干等考验，方能成为优秀干部。干部成长是有规律的，能否主动担当、积极作为，直接决定着干部履职的成效、作用的发挥、贡献的大小。

大事难事看担当，考验面前见精神。谚语有云："当官遇事不担当，不如回家挑箩筐。"一个人品性如何，不但要看其平时的表现，听其言、观其行，更要看其在面对急难险重问题时，面对重大考验时是否能够敢于担当；越是重要关头和关键时刻，越能锻炼干部、考验干部、识别干部。对于干部而言，担当更是检验成色的"试金石"。干部的担当，就是在大事难事面前勇挑重担、敢于负责，在急事危事面前挺身而出、冲锋在前，在名利地位面前不计得

失、顾全大局。领导干部只有敢于奔着矛盾问题、风险挑战去，具有愈难愈奋、愈艰愈勇的担当精神，才能经受住复杂斗争的考验，做到化危为机，牢牢把握推动改革发展的主动权。

有为才有位，有位更须有为。《论语》云："不患无位，患所以立。"天上不会掉馅饼，幸福都是奋斗出来的。有作为才有位子，有了位子就要"在其位、谋其政"。现实中，有的人只想当官不想干事，把"位子"看得重于一切，把"有为"抛到九霄云外；有的人只想出彩不想出力，华而不实，总想着走捷径、偷奸耍滑。对于领导干部而言，与其汲汲于更高的职位，坠入"升迁焦虑"的深渊而难以自拔，不如立足岗位、着眼当下，从一点一滴做起，不断磨砺心智、锤炼本领、增长才干。只有坚持有为才有位，突出实践实干实效，才能让那些想干事、能干事、干成事的干部有机会有舞台，才能充分调动广大干部的积极性、主动性、创造性，激发干部队伍干事创业的热情。

喊破嗓子，不如甩开膀子。《荀子》云："道虽迩，不行不至；事虽小，不为不成。"伟大梦想不是等得来、喊得来的，而是拼出来、干出来的，没有实干，一切都是空中楼阁。领导干部只有戒除浮躁之气，克服畏难情绪，摒弃不愿干、不敢干的心理，让嘴上说的、纸上写的、会上定的全部变为具体行动、化为实际成效，把心思集中到想干事上，把本领体现在干正事上，把目标锁定在干成事上，才能啃掉一块块"硬骨头"、攻克一个个难关、解决一道道难题，以实干出实效，以实效创实绩。

67 看干部就是看肩膀，看能不能负重，能不能负荷，有多大担当才能干多大事业，尽多大责任才会有多大成就，要牢记责任重于泰山，夙夜在公、勤勉工作，敢啃最硬的骨头，敢挑最重的担子

习近平总书记强调："领导干部不仅要有担当的宽肩膀，还得有成事的真本领。"党员干部尤其是领导干部，是否具有勇于担当的责任、能够担当的作风、善于担当的智慧以及敢于担当的魄力，是考验其领导力的"试金石"。没有铁一般的担当，就不可能呈现新气象；没有过得硬的本领，就不可能谋求新作为。敢担当要靠宽肩膀，真成事要靠真本领，这是领导干部自身正、自身硬的两个支柱，缺一不可。

软肩膀挑不起硬担子。经风雨、见世面才能练就一副敢于担当的铁肩膀。多做几次"热锅上的蚂蚁"，多经受一些急难险重的考验，肩膀才会越来越宽，担子才会越挑越重。领导干部要发挥"关键少数"的关键作用，既要有宽肩膀、又要有铁肩膀，既要有责任担当之勇、又要有破解难题之智，用知重负重、攻坚克难的实际行动诠释对党的忠诚、对人民的赤诚。只有在基层一线摸爬滚打、多在吃劲岗位淬火锻炼，自觉向实践学习、拜人民为师，在工作强度大、生活环境差、社会矛盾多的基层环境中，学真知、悟真谛、强本领、长才干，才能练就开口能讲、提笔能写、问策能对、遇事能办的真本事，做到危急关头站得出来、豁得出去，紧要时刻临危不乱、指挥若定，面对艰险冲锋在前、身先士卒，以足够强的能力和

担当接棒党的事业。

心中有责才能尽好责。习近平总书记指出，党员干部都要做到心中有党、心中有民、心中有责、心中有戒。做到心中有责，就能挺起胸膛，直面挑战，就有了不屈不挠的精气神和功成不必在我的奋斗目标，就能做到忠诚履责、尽心尽责、勇于担责。领导干部只有始终保持一种重任在肩、不辱使命的责任感，恪尽职守、鞠躬尽瘁，才能踏踏实实做好每一件事，认认真真履行好自己的工作职责，不辜负党和人民的期望。

重任千钧唯担当。王安石在《游褒禅山记》中云："世之奇伟、瑰怪，非常之观，常在于险远，而人之所罕至焉，故非有志者不能至也。"越是艰难险阻，越要敢于担当、砥砺前行。党领导人民正在进行新的伟大斗争，需要一大批勇于任事、主动担当、敢于涉险滩、敢啃"硬骨头"的好干部。领导干部只有拿出"明知山有虎，偏向虎山行"的无畏气魄，主动扛起重任、践行使命，拿出"不破楼兰终不还"的担当勇气，夯实"打铁还需自身硬"的担当底气，涵养"一枝一叶总关情"的担当情怀，才能对工作认真负责、精益求精，踏踏实实做好每一件事，认认真真履行好自己的工作职责，彰显干部担当本色。

68 好干部要做到信念坚定、为民服务、勤政务实、敢于担当、清正廉洁

"信念坚定、为民服务、勤政务实、敢于担当、清正廉洁"是

习近平总书记提出的好干部标准，是党的好干部标准在实践中的丰富和发展。习近平总书记指出："成长为一个好干部，一靠自身努力，二靠组织培养。"领导干部必须要对照标准严格要求自己，争当新时期的好干部。

没有标准，就没有质量。尚贤者，政之本也。为政之要首在得人。好干部，其标准既是一贯的、连续的，又是具体的、历史的。革命战争年代，对党忠诚、英勇善战、不怕牺牲的干部就是好干部；社会主义建设时期，懂政治、懂业务、又红又专的干部就是好干部；改革开放后，拥护党的路线方针政策，有知识、懂业务、锐意进取、改革创新的干部就是好干部。总的来说，好干部就是德才兼备，以德为先，始终为新时代中国特色社会主义伟大事业鞠躬尽瘁的干部。

好干部是自我修炼出来的。好干部不会自然而然产生，是否能够成为一名好干部，最关键的还是内因。领导干部要把坚定理想信念作为首要任务，自觉做共产主义远大理想和中国特色社会主义共同理想的坚定信仰者和忠实实践者；要始终把信念坚定作为立身之本，把为民服务作为根本宗旨，把勤政务实作为必备素质，把敢于担当作为重要品质，把清正廉洁作为红线底线；要坚持把人民放在心中最高的位置，尊重人民、崇敬人民，全心全意为人民服务；要坚持求真务实，察真情、说实话，出真招、办实事，下真功、求实效；要心存敬畏、手握戒尺，慎独慎微、勤于自省，遵守党纪国法，做到为政清廉。

新时代新使命呼唤好干部。毛泽东同志就指出："政治路线确定之后，干部就是决定因素。"我们党能够取得如今辉煌的成就，离不开一大批好干部的艰辛努力，离不开一代又一代好干部的持续奋斗。进入新时代，进行伟大斗争、建设伟大工程、推进伟大事业、实现伟大梦想，创造出经得起实践、人民、历史检验的实绩离不开一支坚定共产主义远大理想、真诚信仰马克思主义、矢志不渝为中国特色社会主义而奋斗的干部队伍。

69 实干书写担当，导向激励担当

"空谈误国，实干兴邦"，"新时代是奋斗者的时代"。党的十八大以来，习近平总书记多次用这些朴实而又深刻的话语激励广大干部群众艰苦奋斗、苦干实干，强调不忘初心创未来，赓续绵延挑新担。新时代，面对新的责任要求，当以担当实干挑重任，走好新时代长征路。

躬身实干见作为，薪火相传明担当。曾国藩曾说"天下事，在局外呐喊议论，总是无益，必须躬身入局、挺膺负责，乃有成事之可冀。"不论在哪个单位、哪个领域，敢于担当、敢于负责的领导干部多了，改革才能行稳致远，各项事业才能蓬勃发展。从南湖红船到井冈山，从延安到西柏坡，从社会主义建设到改革开放，从脱贫攻坚到全面小康，正是因为这些不同时期不同的干部担当挑担，才有了今天的幸福生活。担当是具体的，要落实到每一个岗位、每一件事上。再美的蓝图规划，再好的制度设计，若没有务实的作

风、担当的勇气，一切终将化为泡影。面对新时代，推进新事业，广大干部唯有永葆"干"的作风，以初心不忘的使命担当激发自身干事创业的活力，以"在其位谋其责"的职责使命托起人民的重托，以扎实的工作、看得见摸得着的实效回应新时代赋予我们的新担当。

以正确导向激励，实干担当方能蔚然成风。千秋大业在用人、事业兴衰在干部。用人导向是旗帜、是标杆，是从政环境的"定盘星"、政治生态的"晴雨表"。"用得正人，为善者皆劝；误用恶人，不善者竞进。"只有把重实干作为导向，风才能清、气才能正，才会激励和鞭策更多优秀干部投身党的事业，在全面建设社会主义现代化国家的新征程上创造新的历史伟业。领导干部要牵好选人用人这个"牛鼻子"，坚持正确用人导向，注重把实干担当的干部选拔到重要岗位上去，才能激发党员干部不忘初心、牢记使命，只争朝夕、奋发有为的奋斗姿态和越是艰险越向前的斗争精神，推动党和人民的事业越来越好。

70 担当是意志的锤炼，超越自我要担当

诞生于国家存亡关头、民族危难时刻的中国共产党发扬了自强担当的民族特质，把忧患意识深深融入革命、建设、改革的全部实践中。中国共产党人眼中的担当精神，其内涵包括责任担当、大局担当、风险担当、使命担当，磨炼的是意志，锻炼的是自我。

担当起该担当的责任，是当代领导干部应有的精神风范和崇高境界。

每一个胜利都是担当者的战果，每一次进步都是担当者的收获。担责、担难、担险，是党员干部的职责所系、使命所然。一些领导干部之所以不愿、不想、不敢到这些"吃劲"岗位上磨炼，原因无非一怕吃苦，二怕吃力，三怕吃亏。怕这怕那，说到底是对"吃劲"岗位的价值和意义认识不足。领导干部的成长成熟，不是与生俱来的，而是在担当作为中锤炼出来的。担责、担难、担险不仅可以锤炼意志，还能够增强本领，面对新情况、新问题，"硬骨头"啃多了，"烫山芋"接好了，经历了"苦其心志、劳其筋骨、饿其体肤、空乏其身、行拂乱其所为"的种种考验，最终将"曾益其所不能"，在破解难题中丰富自我、超越自我，也就成长成熟成才了。

没有比缺乏意志更大的困难，没有比担当作为更实在的考场。"为官避事平生耻。"倘若在其位不谋其政，见了责任就推，遇到任务就躲，上不能利党利国，下无以益民益众，无所作为做懒官，倘若只计个人得失，遇到矛盾绕着走，碰到问题不敢抓，面对风险不敢闯，不敢作为做庸官，那不仅是领导干部个人最大的耻辱，而且会严重损害党和政府形象，让人民丧失信心。领导干部要自觉为党和人民不懈奋斗，不能安于现状、盲目乐观，不能囿于眼前、轻视长远，不能掩盖矛盾、回避问题，不能贪图享受、攀比阔气；要始终保持"如临深渊、如履薄冰"的心态，树牢忧患意识，及时化解矛盾风险，下好先手棋，打好主动仗，层层负责、人人担当；要去奋斗、追求、超越，不断开拓进取、努力创新，推动发展，造福百姓。

71　担当危难，是一种睿智和本领，是一种清醒和坚定，是一种宽广胸怀和至高境界

危难是严重的危机和困难，甚至需要作出个人利益的重大牺牲。勇于担当危难是党的优良传统。每个党员都郑重宣过誓："随时准备为党和人民牺牲一切。"领导干部必须牢记职责使命，敢于在危难关头担当作为。

疾风知劲草，板荡识诚臣。充满苦难与辉煌的百年党史表明：越是紧要关头、危难时刻、关键时刻，越能考验干部、锻炼干部、精准识别干部，彰显担当。面对危难，当干部，只有坚守理想信念、甘于无私奉献，才会有坚守担当的思想动力和政治定力；只有一心为公、事事出于公心，才会有敢于担当的无私无畏；只有胸怀坦荡、清正廉洁，才会有担当的底气和胆气；只有本领高强、能力过硬，才会有担当的本事。领导干部是党和人民事业的骨干，一定要把加强学习作为首要任务，要严格加强思想淬炼、政治历练、实践锻炼、专业训练和作风锤炼，有永不懈怠的劲头、永不言弃的韧劲、永不推诿的境界，勇挑最重的担子，敢啃最硬的骨头，善接最"烫手的山芋"，以担当危难书写人生华章。

有境界自成高格，经考验方见本色。党的百年辉煌历史证明，

没有中国共产党人的担当精神，就没有中华民族的今天，就没有中国人民今天的幸福生活。领导干部要有敢于担当危难的政治定力，把坚定理想信念作为终生必修课，炼就思想上的金钟罩、铁布衫，"咬定青山不放松"，"任尔东西南北风"，有清醒的政治定力、政治坚守、政治勇气；要有敢于担当危难的无私情怀，必须以天下为公、为人民担责，用人民赋予的权力为人民服务，坦荡做人，光明正大；要坚持终身学习，博采众长，兼收并蓄，为担当危难增智增力、奠定深厚根基，善于把握时势，着眼全局，抢抓机遇，顺势作为，乘势而上，不断跟进新时代，担当新征程新使命；要把廉洁从政作为生命线，把党纪法规作为带电的高压线，炼就金刚不坏之身，做到"心不动于微利之诱，目不眩于五色之惑"，时刻自重自省、慎独慎微，保持敢于担当的蓬勃朝气、勇于担当的昂扬锐气、善于担当的浩然正气。

72 勇于担当是一种精神，肩扛千斤谓之责，背负万石谓之任，要扛重担、挑大梁、打硬仗、能推功、敢揽过、善纠错

担当精神是共产党人从历史中继承的优秀品质，是共产党人的脊梁精神。我们党依靠担当创造了历史、依靠担当走向未来。对共产党人来说，没有离开责任的权力，党和人民赋予权力时，更是压上了责任，就要有与之相匹配的责任担当。强责任、重担当是我们

党的优良传统。勇于担当是领导干部干事创业的"必修课"，是为人民服务的重要基础和前提。

无畏方能愈干愈勇，担当才可大有作为。桥的价值在于能承载，人的价值在于能担当。古往今来，担当价值千金，担当任重万钧。正如梁启超所说："知责任者，大丈夫之始也；行责任者，大丈夫之终也。"习近平总书记指出："担当就是责任，好干部必须有责任重于泰山的意识，坚持党的原则第一、党的事业第一、人民利益第一，敢于旗帜鲜明，敢于较真碰硬，对工作任劳任怨、尽心竭力、善始善终、善作善成。"当干部，权力越大，责任就越重，就越要有担当精神。只有责任在心、担当在肩，才能尽心尽责干事创业，才能赢得组织的认可、群众的拥护。领导干部勇于担当就要把人民对美好生活的向往作为奋斗目标，把群众的事情放在心上、扛在肩上、落实在行动上，做到扛重担、挑大梁、打硬仗。

责任当头，使命在肩，黎民在心。领导干部要在岗位平台上履职尽责、任劳任怨、尽心竭力、善作善成，唱出属于自己的好戏，创造出更多更好的业绩；要有勇于推功的正气，既有"功成不必在我"的境界，又有"功成必定有我"的担当，牢固树立正确的政绩观，做让人民群众看得见、摸得着、得实惠的实事，做为后人作铺垫、打基础、利长远的好事，创造经得起实践、人民、历史检验的实绩；要有敢于试错的勇气，保持锐意创新、敢为人先、敢闯敢试、蓬勃向上的锐气，坚决不做"只要不出事，宁愿不做事"的"太平官"；要有乐于揽过的豪气，工作失误不退缩、不推诿、不躲闪，出了事情严于责己、首担其责，从自己身上找原因，决不"尿床睡干窝"、甩锅诿责,绝不一推了之、敷衍塞责;要有善于纠错的骨气,善于从失误中吸取教训,做到打一仗进一步,努力由失败走向成功。

73 不愿担当就不能当干部,不敢担当就不配当干部,不会担当就当不好干部

担当作为,是一名领导干部的天职,就像工人做工、农民种地一样顺理成章。当官不为民做主,不如回家卖红薯。习近平总书记曾指出:"每一个领导干部都要拎着'乌纱帽'为民干事,而不能捂着'乌纱帽'为己做'官'。"在其位就要谋其政,履其职就要尽其责。领导干部要愿担当,坚守信念,乐于奉献;敢担当,放开手脚,大展宏图;会担当,挑起重担,善作善成。

躲事避责莫为官,主动担当见忠诚。愿担当,源自一种动力,是事业心、责任感的体现,是敢担当、会担当的前提和基础。愿不愿担当,反映的是政治立场是否坚定,体现的是党性宗旨是否坚定。若内心不愿担当,就容易忘却初心,就可能在关键时刻、关键问题上失去方向、失去定力,就不能、不应、不配当干部。在党的事业面前,在人民群众的福祉面前,领导干部必须保持"愿担当"的思想自觉和行动自觉,把全部心思和精力集中到谋发展、惠民生、促改革上来,迎着问题上、向着问题冲,用实际行动展现担当作为,用担当作为践行初心使命。

乔木亭亭倚盖苍，栉风沐雨敢担当。重大关头、重大考验面前是否敢于担当，是判断领导干部觉悟水平高低的重要标准，也是检验领导干部是否合格称职的"试金石"。苟利国家生死以，岂因祸福避趋之。敢于担当，就是为了党和人民的事业，不计个人名利得失，不怕艰难苦困，敢于迎难而上、勇于自我奉献。然而，当前一些干部面对大是大非左右摇摆，对不良倾向听之任之，遇到困难矛盾绕道避行，职责分工挑肥拣瘦，工作落实上推下卸……这些不敢担当的干部，破坏的是组织形象，危害的是党的事业。领导干部要知重负重、勇于担当，担责不推、担事不躲、担难不怯、担忧不惧，面对大是大非敢于亮剑、面对矛盾困难迎难而上、面对危机挑战挺身而出、面对工作失误敢于担责、面对歪风邪气坚决斗争。

不怕事难干，只恐技不专。有了担当精神，还必须具备解决难事、化解难题的能力。否则，就是盲目的担当，就当不好干部。早在1939年，毛泽东同志就讲过："我们队伍里边有一种恐慌，不是经济恐慌，也不是政治恐慌，而是本领恐慌。"有的领导干部在担当面前裹足不前，其中重要原因也不乏是能力问题。立足新发展阶段、贯彻新发展理念、构建新发展格局，形势逼人，能力不达标、才能不胜任，就有可能被形势甩掉，就会辜负组织和群众的期望。领导干部要保持敏感性和敏锐度，针对自身的知识空白、经验盲区、能力弱项，不断学习、反复实践、善于总结，丰富知识储备、完善知识结构、构建知识体系，练好会担当、善作为的"宽肩膀"和"真本领"。

74 精于担当是一种素质，做成需要专业化，做好需要职业化，要处处学、事事学、人人学，善谋大、善谋远、善谋深

习近平总书记指出，"责任担当是领导干部的基本素质，有多大担当才能干多大事业，尽多大责任才会有多大成就"。中国当前正站在中华民族伟大复兴中国梦的关键节点，亟需一批真正敢担当、真担当、能担当的领导干部。领导干部既要有担当的勇气面对挑战，也要有担当的能力应对考验。

使命重在担当，担当需要本领。习近平总书记强调："领导工作要有专业思维、专业素养、专业方法。"新时代是一个大发展大变革的时代，也是一个新情况、新问题、新矛盾不断涌现的时代。肩负新时代的新使命，尤其是在发展领域不断拓宽、分工日趋复杂、形态更加高级、国际国内联动更加紧密的当下，要着力解决好发展不平衡不充分问题，啃下深化改革的众多"硬骨头"，更需要领导干部有专业思维、专业素养、专业方法做基础。领导干部只有使专业素养和工作能力跟上时代的节拍，才能肩负起对党忠诚、为党分忧、为党尽职、为民造福的政治担当，肩负起时不我待、只争朝夕、勇立潮头的历史担当，肩负起守土有责、守土负责、守土尽责的责任担当。

学无止境，学非定事，学不专一师。学习是提升能力的必要途径，领导干部只有把学习当作一种生活态度、一种工作责任、一种精神追求，才能不断优化知识结构、提升专业素养，牢牢把握工

作的主动权。领导干部要勤于学习，要克服自满和懈怠情绪，自觉加强学习，加强实践，虚心向领导、同事学，向专家、基层和群众学，加强专业知识、专业能力的学习培训；要向实践学习，要把改革发展的主战场、维护稳定的第一线、服务群众的最前沿作为砥砺品质、增长才干、提高本领的地方，在实践中掌握新知识、积累新经验、增长新本领，增强担当之"能"，形成学以致用、用以促学、学用相长的良性循环。

善谋者，其行必远。 善于谋事是领导干部的必备素质和能力。习近平总书记要求领导干部"三严三实"，其中"谋事要实"为"三实"之首，强调了谋事的重要性。领导干部要心怀大局，干任何工作都要从国家的、民族的、人民的利益和角度认识和把握问题，提高政治站位、校准历史方位，找准路径、抓好重点、精准发力，做到顺势而为、乘势而上、借势发力、推动发展；要提高政治站位，善于观大势、把方向、谋大局，把握政策方向，自觉服从、服务于党和国家事业全局，准确把握党的方针政策，把握新时代提出的新要求，坚决贯彻落实中央各项决策部署，把稳担当之"舵"。

75 善于担当是一种能力，能干事者有机会，干成事者有地位，要讲实话、办实事、求实绩，做到底、做到位、做到家

善于担当体现的是一种有勇有谋的能力素质。越是关键时期、

越是任务繁重、越是在大事面前，党员、干部越需要有勇有谋、善于担当，具有进退有据、运筹帷幄的能力，练就善于发现问题、分析问题和解决问题的本领。领导干部善于担当，不仅要有不怕失败、挺立负责的气魄，而且要有筹谋策划、破解难题的智慧，更要有躬亲实践、解决问题的本领。要坚持以宽广的眼界观察形势，以创新的思维谋求发展，以宽阔的胸襟分析问题，锻炼会干、善干、巧干的水平和潜力。

能者上，平者让，庸者下。"才从事见，谋从行识"，敢干事，精神固然可嘉；干成事，实在难能可贵。一个人在需要负责之时不敢负责，应对担当时不敢担当，那就等于放弃了期望，放弃了成功。在需要担当之时，务必肩负担当的重任，不可畏首畏尾，就应做的事，顶着压力也要干，务必负的责，迎着风险也要担。领导干部要把小事当作大事来办，切实解决群众"急难愁盼"的问题，重要任务亲自部署、关键环节亲自把关、落实情况亲自督查，以钉钉子精神干事业，抓铁有痕、踏石留印，稳扎稳打向前走，过了一山再登一峰，跨过一沟再越一壑，不断通过化解难题开创工作新局面。

实处着眼、实干考量、实绩说话。激励广大党员领导干部担当作为不能仅停留在口号上，而是需要激发广大党员领导干部担当作为的内生动力、充分凝聚广大党员领导干部干事创业的磅礴力量。领导干部要从实处着眼，向实处发力，将"实"字贯穿始终，把"实"字挺在前面，将"实"字坚持到底，就必须将每一项工作细化、实化、措施化，切实增强真抓的实劲、敢抓的狠劲、善抓的巧劲、长抓的韧劲，层层落实、步步扎实，用"实招"和"实效"不断推动工作取得新进展，真正营造一种"唯实"的氛围，不断激发担当作为的内生动力。

一抓到底，善作善成。做了不等于做完，做完不等于做好，决定做就要高标准、做到底、做全套。习近平总书记强调："情况搞清楚了，才能把工作做到家、做到位。"领导干部干事担当，要"先做一步"，牢记"今天再晚也是早、明天再早也是晚，定了的事情就要立马做"，"咬定青山不放松"，盯着做、盯着抓，确保一做到底；要用"工匠精神"做，业务不仅要"会"，更要"熟"、要"精"，要锤炼好自身的履职本领，提升服务水平，练好"金刚钻"，再去揽"瓷器活"，练好"三板斧"，再进"瓦岗寨"，确保做就要做到位；要一马"当"先做，奋勇向前，争取在自己的岗位上做到先进，做到优秀，做到最好，做成行家里手。只有这样，才能达到让人民满意的最终目的。

76 要拎着乌纱帽干事，不要捂着乌纱帽做官

习近平总书记在《之江新语》一书中提道："每一个领导干部都要拎着'乌纱帽'为民干事，而不能捂着'乌纱帽'为己做'官'。""拎"与"捂"，一字之差，两种态度，两种境界。一个是勇于担当、敢作敢为，一个是消极保位、为官不为。古人云，"治世所贵乎位者三：一曰达道于天下，二曰达惠于民，三曰达德于

身"。鞠躬尽瘁干事业、争着抢着拼奉献、敢闯敢试谋发展，是每一名领导干部的职责和价值所在。

为政与享乐无缘，与苦累常伴。明代吕坤有言："做官都是苦事，为官原是苦人，官职高一步，责任便大一步，忧勤便增一步。"清代《郎潜纪闻》记载了闽浙总督陈璸做官20余载，只身在外，没有携带过家眷。儿子相隔千里想去探望他，竟苦于缺少盘缠而难以成行。为此康熙皇帝称他是"苦行老僧"。封建官吏尚且有如此高的境界，党的干部更应把能干事、敢担当、有作为作为立身之本、为政之要。习近平总书记在回忆地方工作时感慨地说："我认为认认真真地当好共产党的'官'是很辛苦的。我也没有听到哪一个称职的领导人说过当官真舒服。"干部的肩膀，扛着千钧重担；干部的担当，刻着事不避难。领导干部要始终保持如履薄冰的心态、竭尽全力的姿态、奋发有为的状态，挑最重的担子、啃最硬的骨头，做到"甘为百姓苦自己，勤为公务累吾身"。

要做革命斗士，不做太平绅士。只有拼搏，人生才会辉煌；只有竞争，潜能才会爆发，梦想才能成真。改革开放以来，我们能从一个贫穷落后的国家迅速发展起来，就是因为有很多领导干部能大刀阔斧地去探索，打破常规去创新，勇立潮头来担当。在区域发展竞争日新月异的今天，先进与落后之间的差距，表面上看是经济社会发展速度方面的差距，深层次的原因却是干部队伍思维观念、精神状态的差距。进入新时代，形势喜人、形势逼人、形势催人。领导干部领了"乌纱帽"，就要谋担当，必须始终把责任扛在肩上、把困难踩在脚下、把原则记在心中、把工作抓在手上，吹好冲锋号、不喊空口号，当好"施工队长"、不做"甩手掌柜"，以"人生能有几回搏"的豪情壮志干事创业，努力成为推进高质量发展的排头兵。

77　只为干事找办法，不为困难找借口

习近平总书记指出："改革面临的矛盾越多、难度越大，越要坚定与时俱进、攻坚克难的信心，越要有进取意识、进取精神、进取毅力，越要有'明知山有虎、偏向虎山行'的勇气。"面对困难压力，成功者想办法，失败者找借口。作为领导干部，无论是职责所系、群众所盼，还是发展所需，都必须把实干作为天职，做到干事创业不找借口，攻坚克难不讲条件。

成功者找方法，失败者找理由。古人云，"小人之过也必文"。借口的作用，就是把困难、错误、失败归因于别人或者外部条件，把自己由"逃避者""犯错者""失败者"转化为"受害人"，从而逃避责任、逃避惩罚。借口不能解决任何问题，不断地寻找借口，永远不会战胜困难、取得成功。"没有任何借口"，就没有退路、没有选择，就能勇敢担当、坚决改错、争取胜利，不断精进自己、提升自己，进而有所进步、有所收获。实干是最响亮的语言，行动是最有力的证明。领导干部必须干字当头、干在实处，以对党和人民事业负责的态度，增强斗争精神，勇于承认错误、敢于承担责任，主动自我解剖、揭短亮丑，绝不掩饰缺点、回避问题，绝不顾及

"面子"、考虑"位子",不断为党和人民的事业添砖加瓦。

山高挡不住愚公,困难吓不倒英雄。路虽远,行则将至;事虽难,做则必成。习近平总书记指出,有风有雨是常态,风雨无阻是心态,风雨兼程是状态。"莫听穿林打叶声,何妨吟啸且徐行",无论什么样的风雨,都无法阻挡中国人民奔向美好生活的脚步。大到国家发展如此,小到个人成长亦然。人生道路,崎岖不平,不可能一帆风顺,顺境要进,逆境更要进。如果在逆境前望而却步,往往只会遭遇失败;如果在困难时坚定前行,常常会获得新的进步。既然选择了当领导干部,就要始终保持永不懈怠、一往无前的奋斗姿态,困难越大、挑战越多,越要激扬"不信东风唤不回"的信心,越要拿出"顶风逆势爬高坡"的决心,努力干好党和人民的事业,让每一步都走正走稳、走实走好。

78 做好"站得出"的思想准备,做好"顶得上"的能力储备,做好"耐得住"的心理准备

衡量一个干部称职不称职、优秀不优秀,不光看他讲得怎么样,更要看他干得怎么样。领导干部要带领干部群众涉险滩、破坚冰、攻堡垒、拔城池,必须做好充足的思想准备、能力储备和心理准备,做到关键时刻"站得出",危难关头"顶得上",坚守定力"耐得住"。

立志为党和人民牺牲一切,就得心甘情愿消耗自己。每名党员

在入党的时候，都在党旗下宣誓，"随时准备为党和人民牺牲一切"。所谓"随时"，就是"不拘什么时候"；所谓"一切"，就是自己所拥有的全部。"观操守在利害时。"考察一个干部的觉悟、境界和水平，既要看平时能否看得出来，更要看其关键时刻能否站得出来。领导岗位不是一种待遇、一种享受，而是一种责任、一种奉献。推进社会主义现代化建设，需要领导干部有甘洒热血的牺牲精神，有面对使命任务敢于挺立的魄力，勇于站立在急难险重任务的前头，危难危急当头敢于叫响"看我的""跟我来"的口号，努力以自身的血性豪情影响带动干部群众干事创业。

立志对党忠诚积极工作，就得能力出众本领高强。绳短不能汲深井，浅水难以负大舟。习近平总书记强调："只有加强学习，才能增强工作的科学性、预见性、主动性，才能使领导和决策体现时代性、把握规律性、富于创造性，避免陷入少知而迷、不知而盲、无知而乱的困境，才能克服本领不足、本领恐慌、本领落后的问题。"转型先转素质，变革先变能力。社会发展日新月异，不同时期、不同阶段对能力素质的要求也不尽相同。事业要发展、难关要攻克、风险要防范，必然要求领导干部在干事创业上有几把刷子。领导干部要始终做好能力储备，加强学习，努力拼搏，确保关键时候"顶得上""不掉链"。

立志为共产主义奋斗终生，就得百折不挠坚忍不拔。毛泽东同志指出："忍耐最难，但作一个政治家，必须练习忍耐。"习近平总书记指出，要保持历史耐心、保持战略耐心。伟大的作品不是靠力量，而是靠坚持获得的。强调耐得住不是被动的忍耐，而是自信自强、冷静从容、沉稳克制及内心的刚强坚毅。历史耐心、战略耐心的本质是尊重客观规律，坚持戒急用忍，持久蓄力。"慎重则必成，轻发则多败"，心浮气躁、急功近利，从来都是改革发展的大敌，尤其是全面深化改革的今天，破解难题、清除积弊不可能一蹴而就，不仅要有只争朝夕的劲头，更要有久久为功的耐心。领导干部只有"咬定青山不放松""一张蓝图绘到底"。防止乱折腾、"翻烧饼"，扎实做好打基础利长远的工作，才能积小胜为大胜，实现宏伟奋斗目标。

79 涵养担当精神，树立担当作风，拿出担当行动

担当是党的干部的重要品质和能力。所谓担当，就是在履职中承担起应尽的义务，在履行义务中发挥出自己全部的能量，在能量发挥中创造出有助于发展的效益。处在领导岗位上的人，和一般人相比需要有更加优秀的精神品质、更加优良的工作作风、更加扎实的实干实绩，唯有如此才能承担起领导的重任。

勇士总是在最吃紧处担当，英雄总是在最危难时冲锋。南宋抗金名将岳飞以精忠报国为己任，真正做到了鞠躬尽瘁、死而后已。他的一句名言"以身许国，何事不可为？以身许国，何事不敢为？"为我国历史上众多无畏担当的贤良之士作出了生动注解。担当是责任的承接和使命的归结。天上不会掉馅饼，蓝图不会自动实现，要把目标任务落到实处，必须发扬敢于担当的精神。领导干部

要涵养逢山开路、遇水架桥的担当精神，遇事不推诿、不退避、不忽悠，主动认领、主动担责，在重大问题面前明辨立场是非，到斗争一线真刀真枪磨砺，淬炼越是艰险越向前的英雄气概和狭路相逢勇者胜的革命精神，锐意进取、攻坚克难，在有效应对重大挑战、抵御重大风险、克服重大阻力、解决重大矛盾中冲锋在前、建功立业，坚决不做"老好人""太平官""墙头草"。

担当的最大底气来自公心，真无私才能真担当。担当源自公心，无畏出自公心；无私才能无畏，无私才能担当。对于党员干部来说，一事当前是出于公心还是出于私心，首先想到的是党和人民利益还是个人进退得失，体现的不仅是胸怀与境界，更是担当的意识与作为。出于公心、念兹在兹的是党和人民的利益，自然就会胸襟开阔、夙夜在公、担当尽责、奋发有为；出于私心，以个人进退得失为尺度，难免胸襟狭窄、推诿扯皮、消极懈怠、避责怕事，干事创业就难免患得患失、顾虑重重，在有可能伤及自身利益时就难免不敢担当、不愿作为。领导干部要树立大公无私、公而忘私的担当作风，正确处理公与私的关系，以"散尽家财顾大局"的豪迈气概、"分文不留献给党"的无私品格培育担当作为的最大底气。

比认识更重要的是决心，比方法更关键的是担当。没有担当，一切都是零。一代人有一代人的长征路，一代人有一代人的使命担当。领导干部要拿出闻战则喜、率先垂范的担当行动，以身作则、以上率下，克服"等、靠、要"的惯性思维和"怕、僵、满、木、私、浮"的懈怠情绪，应该干的事，顶着压力也要干，应该负的责，冒着风险也要担，在岗一分钟、战斗六十秒，以"朝受命、夕饮冰"的事业心、"昼无为、夜难寐"的责任感，完成好"为官一任，造福一方"的使命。

80 做"担当"的"行动派"，不做"怕事"的"观望者"；做"进取"的"行动派"，不做"安逸"的"观望者"；做"立正"的"行动派"，不做"权力"的"观望者"

为官一任、造福一方，是从政者应当恪守的政德。在其位，却不谋其政，群众会戳脊梁骨。习近平总书记谈到有"四种官"不能当，简单来说就是不能"昏、懒、庸、贪"。这"四种官"丧失了党员干部该有的事业心、责任感，无视职责使命、甘愿尸位素餐。领导干部必须正确处理干净和担当的关系，要把干净和担当、勤政和廉政统一起来，勇于挑重担子、啃"硬骨头"、接"烫手山芋"。

要担当作为，不做饱食终日、无所用心的懒官。党的十八大以来，广大党员干部既讲干净又讲担当，把心思和精力用在勤政为民上，勇于挑重担子、啃"硬骨头"、接"烫手山芋"，展现了新时代好干部的担当作为。然而，也有那么一些人饱食终日、无所用心，漠视百姓疾苦，贻误改革发展时机，甚至让矛盾问题拖大拖炸。只想享受当官的"好处"，不想承担做官的责任，职位、待遇面前，伸手要、私下"跑"、拉下脸争；遇到困难矛盾，他们能躲就躲、能推就推，争功诿过、绕险避难。干部不担当，就是不称职。全国优秀县委书记廖俊波笃信"开局就是决战，起步就是冲刺""能到现场就不在会场"，埋首实干，以担当标注了一名共产党员应有的精神境界。领导干部要有肝胆，要有担当精神，"在困难面前逞英雄"，直面问题、正视矛盾，敢啃"硬骨头"、勇挑重担子，"逢山开路、遇水架桥"，"明知山有虎、偏向虎山行"，真正成为带领人民群众攻坚克难的主心骨。

要起而行之，不做推诿扯皮、不思进取的庸官。庸官之庸，庸就庸在思想上无所用心、行动上无所作为、精神上不求上进。这样的干部之所以令群众深恶痛绝，就在于他们只求自己安稳度日，讲求工作"清闲"，一心只做"太平官"，而不管群众急事难事烦心事，精神萎靡，甘于平庸，安于现状而不思奋进、安坐官位而不想干事、安享"俸禄"而不愿奉献，表面上似乎与世无争，实际上是心里打着个人利益的"小九九"。他们贯彻上级决策部署照本宣科、有口无心，不结合实际、无实招硬招；在岗不在状态，调研不走心，不察实情、不解难题，心中无数、脑中无事、眼里无活、手里无牌、落实无果；把"动辄得咎"挂嘴边，面对风险不想预案，面对挑战不想对策，面对难题不想办法，碌碌无为等退休，一心想着"软着陆"。这样的庸官当治，这样的庸政当戒。领导干部应该对"为官不为"感到羞耻，决不能停留"舒适区"、坐享"避风港"，必须守初心、担使命，真正把人民放在心上，把责任扛在肩上，以勤为先、用心投入，铆足劲头，努力担当任事、主动进取作为，把工作干出起色。

要秉公用权，不做以权谋私、蜕化变质的贪官。"政者，正也。"清正廉洁，是党员干部为官从政的基本底线。在共产党人的字典里，公与私、廉与贪，从来都是泾渭分明、水火不容的。以权谋私，是各种腐败现象的实质所在。领导干部被"围猎"、被腐蚀，根本就在于手中的权力可以被用来变现、交易。抓住权力这个关键，恪守"权力只能用来为党分忧、为国干事、为民谋利"底线，始终做到依法用权、秉公用权、廉洁用权，任何"围猎"与腐蚀都会无效。因此，领导干部要正确处理公私、义利、是非、情法、亲清、俭奢、苦乐、得失的关系，自觉同特权思想和特权现象作斗争，清清白白为官、干干净净做事、老老实实做人，展现为民务实清廉的政治本色。

81 在常学常新中加强理论修养，在真学真信中坚定理想信念，在学思践悟中牢记初心使命，在细照笃行中不断修炼自我，在知行合一中主动担当作为

一个政党要走在时代的前列，一刻也离不开理论的学习；一个领导干部要做好本职工作，一刻也离不开理论的学习。习近平总书记指出："在学习理论上，干部要舍得花精力，全面系统学，及时跟进学，深入思考学，联系实际学。"政治上的坚定、党性上的坚定都离不开理论上的坚定。当前，我们党面对十分复杂的国内外环境，肩负繁重的执政使命，如果缺乏理论思维，是难以战胜各种风险和困难的，也是难以不断前进的。这就要求领导干部必须加强对党的创新理论的学习，学出信仰、学出初心、学出使

命、学出担当。

思想理论建设是我们党的建设的根本，理论素质是领导干部思想政治的灵魂。领导干部做政治上的明白人，首要的就是抓好理论学习，切实学好马克思主义理论。只有加强理论学习，才能正确认识共产党执政规律、社会主义建设规律和人类社会发展规律，牢固树立共产主义理想，坚定社会主义信念；才能增强政治敏锐性和鉴别力，经得起各种风浪和复杂局面的考验，坚定不移地做中国特色社会主义的坚定信仰者、忠诚捍卫者和积极建设者。可以说，加强理论学习是领导干部发挥创造力、增强凝聚力、提高战斗力的坚实基础，也是提高执政能力和执政水平的客观需要和有力保障。领导干部把理论学习作为一种政治责任、一种精神追求、一种生活方式，持之以恒加强学习，方能更好地履职尽责、更好地适应时代要求。

政治上的坚定、党性上的坚定都离不开理论上的坚定。刘少奇同志曾提出："没有理论的人容易被'俘虏'，被人家天花乱坠的话所迷惑。"当前，一些领导干部心态浮躁，静不下来，自觉不自觉地存在轻视理论的倾向，这样的情况十分危险。领导干部如果不重视理论学习，不注意改造世界观，就会迷失政治方向，就会失去人生的前进坐标，实际工作也不可能干好。少数领导干部犯这样那样的错误，甚至违纪违法，其起因都是放松了理论学习。延安时期，毛泽东同志就批评了"宁可挑大粪，不愿学理论"的思想，并提出"工作忙就要'挤'，看不懂就要'钻'"的学习方法。战争年代，彭雪枫同志在敌人的眼皮底下，依然刻苦读书看报，学习理论。正因为有不懈的理论追求、高度的理论清醒，无论环境多么恶劣、斗争多么艰苦，老一辈革命家始终能坚定信念、坚守立场，走正确的道路。在信息海量、价值多元的今天，领导干部尤其需要强化理论学习、提高理论修养。否则，就会面临被"俘虏"的危险。

学思用贯通、知信行统一，在常学常践常得中自觉担当作为。领导干部必须牢记习近平总书记的要求，把加强党的理论学习作为一项重要的必修课，既要知其然，更要知其所以然，切实做到学、思、用贯通，知、信、行统一。要自觉做习近平新时代中国特色社会主义思想的学习者，坚持经常性学习，在干中学、在学中干，不断增强政治上的坚定、理论上的清醒；要自觉做习近平新时代中国特色社会主义思想的实践者，不忘初心、牢记使命，坚持理论联系实际，做勤学思考的学习者、起而行之的行动者、担当作为的实干家。

第四篇

担当之源

82　桥的价值在于能承载，人的价值在于能担当

价值是客观事物的一种有用属性。物的价值在于能满足人的需要，而人的价值在于能创造价值，在于通过对社会的担当和奉献，从而获得社会的尊重和满足。一般人尚且如此，作为党的干部更应在党言党、在党爱党、在党为党，为党分忧、为党尽职、为民造福，在履行政治担当、历史担当、责任担当中不断实现人生价值。

人生的价值在于担当奉献。爱因斯坦说过："一个人的价值，应该看他贡献什么，而不应该看他取得什么。"担当指引人生路径、照亮人生前程，担当出勇气、出智慧、出力量，有担当才会迎难而上、锐意进取，个人的潜能才能得到充分激发，个人的价值才能得到体现和释放。如果遇事只会推诿、裹足不前，在逃避担当的同时，往往也错过了成就事业的机会。追求有所建树，必须坚持有所担当，这是实现人生价值的重要法则。正如梁启超所说："这个社会尊重那些为它尽到责任的人。"

为党和人民事业担当奉献是人生的最好价值体现。"人固有一死，或重于泰山，或轻于鸿毛。"对领导干部来说，为党、为国家、为人民做工作、出力气，是担当。必须先担当，才谈得上有作为，而且有大担当才能有大作为。当前，乘势而上推动全面建设社会主义现代化国家新征程，向第二个百年奋斗目标进军，更需要我们不忘初心、牢记使命，勇于担当、攻坚克难，越是艰险越向前，用汗水浇灌收获，以实干笃定前行，切实把党中央决策部署的各项任务一项一项抓好，真正做到在大是大非面前旗帜鲜明、在风浪考验面前无所畏惧、在各种诱惑面前立场坚定，于关键时刻让党信得过、靠得住、能放心，才能做出一番业绩。

初心因执着而历久弥新，使命因担当而神圣宏伟。一个时代有一个时代的使命，一个时代有一个时代的担当。习近平总书记指出："担使命，就是要牢记我们党肩负的实现中华民族伟大复兴的历史使命，勇于担当负责，积极主动作为，用科学的理念、长远的眼光、务实的作风谋划事业；保持斗争精神，敢于直面风险挑战。"千秋大业，百年恰是风华正茂。伟大梦想不会自动成真。实现梦想的每一步都不可能轻而易举，未来必定会面临这样那样的风险挑战，甚至会遇到难以想象的惊涛骇浪，这就要求领导干部必须始终增强"四个意识"、坚定"四个自信"、做到"两个维护"，保持永不懈怠的精神状态和一往无前的奋斗姿态，敢于直面问题和风险，勇于挑最重的担子、啃最硬的骨头，干在实处、走在前列，切实担当起实现中华民族伟大复兴中国梦的伟大责任。

83 天地生人，有一人当有一人之责；人生在世，生一日当尽一日之责

责任，就是分内应做的事情、应承担的过失和应尽的义务。梁启超曾说："人生于天地之间，各有责任。"人的一生其实都是生活在责任之中，只有有了付出才会有收获，这是社会生活的基本法则。不管扮演什么样的角色，谁都不可能脱离责任而生存。做人如此，为官更是如此。只有时刻心怀人民、担当尽责，才能对得起手中的权力、对得起所在的岗位、对得起人民的期盼。

志不可一日坠，责不可一日放。责任是人生成长和干事创业的动力源。一个人只有拥有了责任，才会有履职尽责的使命、敬业敬责的精神、认真负责的态度，才能化被动为主动，化消极为积极，化阻力为动力，从而战胜困难、攻克难关、超越自己，为干事创业提供不竭的原动力。领导干部，"在其位、谋其政、尽其责"是基本要求，如果只想当官，不想做事，碰到问题不解决，遇到矛盾绕着走，对职责范围内的事情该抓的不抓、该管的不管，问题会越积越多，以致酿成大祸，最终会失去党和人民的信任。只有视责任如生命，始终把责任摆在第一位，才能永葆激情和动力，不断从平凡走向优秀、从优秀走向卓越。

任重者其忧深，位高者其责厚。德国著名哲学家叔本华曾说："上帝给我们一具肩膀，就是教你来挑担子的。"敢于负责任，才能担重任。领导干部职务越高，责任就越大，有多大的重任，就要尽多大的责任。没有"敢教日月换新天"的责任担当精神，任何梦想

都只能是妄想。只有胸怀强烈的责任意识，才能有效履职尽责、矢志奉献，积极主动投身急难险重任务，从而在化解各种复杂矛盾、重大斗争交锋中经风雨、见世面、壮筋骨、长才干，锻造勇于担当的铁肩膀，不断带领人民群众取得新的业绩，肩负起民族复兴的历史重任。

一日无为，三日难安。爱因斯坦曾说："我每天上百次地提醒自己，我的精神生活和物质生活都依靠别人的劳动，我必须尽力以同样的分量来报偿我所领受了的和至今还在领受着的东西。"权责须对等，这是天经地义的道理。领导干部，群众给了你信任，组织给了你重任，肩上的责任就比别人要大，只有少说空话、多干实事，敢于负责、履职尽责，才能"不教一日空过"；要时刻牢记"岗位就是责任"，只争朝夕，不负韶华，在岗一分钟、战斗六十秒，自觉走在前、作表率，苦干实干加油干，持续用力、保持韧劲，发扬钉钉子精神，脚踏实地做好每一件事、干成每一件事，以优异成绩回报组织和群众的认可。

84 责任如火，温暖创业的心；责任如炬，照亮前行的路

勇于担当源自强烈的事业心、责任感。人一旦走上了岗位，就意味着要承担责任，农民种好地多产粮食是责任，战士手握钢枪保家卫国是责任，领导干部心怀国之大者为民服务更是责任。铁人王进喜有句名言："人无压力轻飘飘，井无压力不出油。"责任是一

种自觉意识。有责任，干事创业才有内在动力。

人生成长和干事创业离不开责任，尽多大责任才会有多大成就。英国政治家丘吉尔曾说："高尚、伟大的代价就是责任。"一个民族缺乏责任，终将走向没落；一个家庭缺乏责任，终将走向衰败；一个人缺乏责任，终将一事无成。所以，一个人可以清贫，可以不伟大，但不可以没有责任；一个人能走多远、取得多大成就，取决于他尽了多少责任。成长要靠责任，每个人在不同的成长阶段都要担负不同的责任，只有不断强化责任，向责任要动力、要信心、要激情，才能让自己走出人生的困境、走向人生的辉煌。履职要靠责任，有了责任就有目标动力，就不会心猿意马、"吃着碗里的，看着锅里的"，更不会成为去枷的蛮牛、脱缰的野马，就能做到爱岗敬业、只争朝夕，努力做好当下的事、做好每一件事，从而干成每一件事。奉献要靠责任，一个人的奉献，要靠一定的境界、一定的觉悟，要靠愉悦的、心甘情愿的付出，不是为了做给别人看，这也是源于责任更高的要求。人的一生只要责任在身，不断履职尽责，不断超越困难，就会不断走向卓越。

没有担当尽责的态度，追求卓越只能是一种奢望。习近平总书记强调："能否敢于负责，勇于担当，最能看出一个干部的党性和作风。"天上不会掉馅饼。任何人要成就一番事业，如果没有百分之百的付出，又怎么可能会获得成功？追求卓越的过程，其实就是一个艰苦奋斗的过程，说到底是一个责任落实的过程。做不到极端负责，工作就会打折扣，责任落实就会缩水，追求卓越只能是"镜中花、水中月"。履好每一份职、尽好每一份责，是领导干部的本分。

回顾我们走过的路，展望我们未来的征程，无论是打好"三大攻坚战"，还是实施乡村振兴战略，抑或是实现中华民族伟大复兴，哪一件不是大事？哪一桩不是硬功？如果领导干部没有敢于负责的精神，没有强烈的责任心，就不能攻坚克难、取得成功。

为民服务是共产党人的永恒责任，尽多大责任得多大快乐。习近平总书记指出："人民对美好生活的向往就是我们的奋斗目标。"这为我们诠释了干部履职尽责的目标方向、源泉动力。为人民谋幸福，就是干部最大的幸福、最大的快乐。领导干部要身怀爱民之心，牢记人民利益高于一切，各项工作都要以人民为中心，时刻把百姓安危冷暖放在心上，以百姓之心为心、以百姓之苦为苦、以百姓之福为福、以百姓之乐为乐，敢啃最硬的骨头、挑最重的担子；要恪守为民之责，坚持问计于民、问需于民、问政于民，力求群众的需求在哪里，工作就往哪里用力，集中精力、心无旁骛把每一项工作、每一个环节都做到位，真正让自己在为民奋斗的历程中，处处尽责任、处处得快乐，时时尽责任、时时得快乐。

85 具备担当作为的无私情怀，增强担当作为的胆识魄力，提高担当作为的实际本领

习近平总书记强调："能否敢于负责、勇于担当，最能看出一个干部的党性和作风。"敢于担当就是一种境界、一种责任。领导干部要把敢于担当内化为心灵、自觉于行动，思想上始终与党中

央保持高度一致，行动上始终保持个人与集体的同频共振，为党分忧、为民解困。

厚植"我将无我"的情怀。任何事业不可能一蹴而就、立竿见影。创业兴业需要铺路奠基、甘为人梯的埋头苦干，需要领导干部胸怀"功成不必在我"的精神境界，肩扛"功成必定有我"的责任担当。责任担当"有我"，一心奉公、无畏艰险；利益得失"无我"，公而忘私、民其允怀。领导干部应该有这样"无我"的担当情怀，树立在其位谋其政、勇挑重任的担当意识，时刻不忘岗位职责，守土担责、守土尽责。

熔铸"舍我其谁"的胆识。面对改革发展中的新情况新问题新矛盾，有的党员干部感叹"为官不易"，遇见困难绕着走，对群众的利益诉求敷衍塞责，在应对重大挑战、抵御重大风险、克服重大阻力、解决重大矛盾中，缺乏担当负责的勇气。在其位，谋其政，当官不为民做主，不如回家卖红薯。古往今来，但凡被人铭记、受人称颂的官员都具有干事的魄力和挑战困难的胆识。大事难事看担当，领导干部在人生和事业的征途上，不论遇到多大的拦路石，都要把它当作奋力前行的铺路石，更好地履行职责、攻坚克难，争做敢于担当的好干部。

磨炼"逢山开路"的本领。习近平总书记指出："领导干部不仅要有担当的宽肩膀，还得有成事的真本领。"想担当、敢担当，还要能担当、会担当。如果遇到困难既摸不清情况，又抓不住问题关键，解决不了困难，那么敢于担当就成了一句空话。领导干部要加强实践磨炼，把改革发展稳定的生动实践作为第一课堂，坚持向实践学习，拜群众为师，在解决复杂矛盾中总结规律、把握规律，在攻坚克难中增长胆识和才干。

86 做事业的"定海神针"是荣光，更是责任和担当

一个人干事创业，有时是奔着荣光去的，有荣光就会有动力。但真正推动一个人永不停歇、不断奋进的，是责任与担当。有责任和担当才能有作为，有为才有位，党员干部就是要敢负责、能担当、勇作为，始终保持强烈的事业心和责任感，牢记为人民服务的宗旨，努力为党和国家尽心尽力、为人民谋利益，始终恪尽职守，积极干事创业。

责任是动力支撑，担当是力量源泉。事业是靠一个个责任和担当累积起来的。任何时候，任何岗位，都离不开责任和担当，一旦离开了责任和担当，一切美好的设想都将成为空中楼阁。一个单位只有具备了高度的责任和担当，员工热爱自己的岗位，有强烈的使命感，全身心投入工作，勇于承担责任，接受任务不讲条件，完成任务追求圆满，用"我马上行动，我现在就去做"贯穿于自己的工作，这样的单位才能兴旺发达。反之，缺乏责任和担当，一个单位就会成为一盘散沙，员工肯定碌碌无为，一事无成。领导干部更是如此，只有确立了责任意识，才能拥有使命感，进而转化为动力，成为一种信念，困难时能够坚持，成功时保持冷静，带动整个集体把任务扛在肩上，相互理解和关怀，相互协作和补充，最终取得一

个又一个胜利。同时，一个领导干部职业生涯的终极价值，也取决于他是否履行了自己作为领导干部的责任和担当。习近平总书记指出，看一个领导干部，很重要的是看有没有责任感，有没有担当精神。在新发展阶段，领导干部只有继续发扬负责任、敢担当的精神，心存忧患、肩扛重担、埋头苦干，才能带动和激励广大人民群众以主人翁姿态主动担当、奋发作为，为推进中国特色社会主义事业而接力奋斗。

让责任融入血液，使担当融入灵魂。古人云，"天下兴亡，匹夫有责""在其位，谋其政；司其职，负其责"，无不诠释了责任和担当的重要性。就领导干部的责任和担当来讲，一方面是指分内、职责内应该履行和必须做好的事情、完成的任务；另一方面是指如果没有履行好岗位职责，应承担后果，承担责任。因此，领导干部既要有"责任担当"的职责和能力，更要有"担当责任"的勇气和力量。必须让责任和担当入心，将"责任心"固牢，树立责任就是使命、责任就是命令的政治担当和历史担当，对于需要担当的"责任"和应该承担的"责任"，创造条件，迎着风险也要干好，真正践行和坚持担当精神。必须将责任和担当化为行动，切实增强"责任重于泰山"的观念，敬畏责任、崇尚担当，摒弃"投机取巧"、玩心眼、耍聪明的错误思想，将责任担当看成检验个人能力水平的"试金石"，把责任担当作为约束自我、锤炼自我的"紧箍咒"。

87 担当大小，体现着干部的胸怀、勇气、格调，有多大担当，才能干多大事业

习近平总书记强调，有理想，有担当，国家就有前途，民族就有希望。胸怀坦荡，胸襟开阔，光明磊落，想问题、看事情才能具有宽广的视野，才能洞察事物的发展大势和基本走向，才能够从大局出发，才能够敢于担当、有所担当。

格局决定担当，担当反映格局。清代思想家林则徐被发配新疆时曾写出"苟利国家生死以，岂因祸福避趋之"的名句，他认为只要对国家有益，哪怕付出生命也在所不惜，不能因为个人的富贵荣辱和得失而逃避和推卸责任。毛泽东同志为了中国的民族解放事业献出了六位亲人的生命，这种巨大的牺牲精神体现的就是历史担当。有的人把工作当事业、当生命，重任来了扛得起，压力面前扛得住，关键时刻站得出来、顶得上去；有的人则仅把工作当职业甚至副业。能把工作当成事业乃至生命的人，无疑是具有大胸怀、真勇气、高格调的人。在改革的大潮中，在民族复兴的大路上，正需要横刀立马舍我其谁的英雄气概，披荆斩棘爬坡过坎的凌云壮志。这种担当的品格，源自一份责任和使命，更源自一种自信和胆略。

胸怀大局，才能永攀高峰；服务大局，才会尽责担当。习近平总书记指出，中国共产党是世界上最大的政党，大就要有大的样子。大国大党，何谓其大？不仅指中国共产党的党员人数超大规模、组织体系超大规模，更重要更本质的是"为中国人民谋幸福、为中华民族谋复兴、为人类谋和平与发展"的大担当。大担当不是

逞匹夫之勇，而是要有着眼大局的视野格局、创造性解决问题的素质能力。

责重山岳，能者方可当之。领导干部要有大局意识、整体意识、系统意识，要学会在全局中定位、在整体中谋划、在系统中思考、在大局下担责，做肯担当、挑重担、担重任的勇士，做有担当、多干事、能谋事的实干家，做善担当、讲大局、谋长远的有为人。

88 只有承担起旅途风雨，才能最终守得住彩虹满天

习近平总书记寄语广大党员干部，当攻坚克难的奋斗者、不当怕见风雨的泥菩萨，勉励广大年轻干部在摸爬滚打中增长才干，在层层历练中积累经验。面对新时代的挑战，不当几回"热锅上的蚂蚁"，不接几次"烫手的山芋"，就不可能激发出个人潜能，也难以磨砺出担当重任的真本领。干部成长无捷径可走，经风雨、见世面才能壮筋骨、长才干。领导干部要做起而行之的行动者、不做坐而论道的清谈客。

多经事方能成大事，犯其难方能图其远。软肩膀挑不起硬担子。领导干部要深刻认识到，当前和今后一个时期，我国发展仍然处于重要战略机遇期，机遇和挑战都有新的发展变化。世界百年未有之大变局加速演进，和平与发展仍然是时代主题，同时国际环境日趋复杂，不稳定性不确定性明显增强。对困难和挑战、阻力和

变数，我们既不能遮掩回避、视而不见，也不能惊慌失措、乱了阵脚。"而是要大力弘扬奋斗精神，主动迎难而上、起而行之，在新形势、新任务、新要求中运筹谋划、奉献担当，在形势快速变化中拓出发展新路。"

人在事上练，刀在石上磨。长期和平环境下，少数党员干部患上了"软骨病""恐惧症"，遇到矛盾惊慌失措，遇见斗争直打摆子，经不起风雨，挑不起担子。"人才自古要养成，放使干霄战风雨。"实践表明，越是困难大、矛盾多的地方，越是形势严峻、情况复杂的时候，越能练胆魄、磨意志、长才干。广大干部特别是年轻干部要主动投身到新时代的伟大实践中去，多经历"风吹浪打"，多捧"烫手山芋"，多当几回"热锅上的蚂蚁"，在大是大非面前敢于亮剑，在矛盾冲突面前敢于迎难而上，在危机困难面前敢于挺身而出，在歪风邪气面前敢于坚决斗争，不负党和人民的重托。

千难万难，干部担当就不难。在这个发展的新时代，将会有许多风险与挑战，领导干部身上肩负的担子越来越重。立足新发展阶段、构建新发展格局，领导干部要锤炼许党报国的党性，以无私无畏、无我忘我的党性标尺自觉主动担当；要厚植人民至上情怀，推动"向群众汇报"制度化常态化；要树立强烈的责任感，认真履责、主动担责；要鼓足迎难而上的闯劲干劲韧劲，勇于在改革发展进程中冲在前、干在前；要保持坚如磐石的定力，敬终如始，久久为功；要坚持求真务实的作风，将担当落在实处、见于"事功"，如此，才能以新担当展现新作为，创造无愧于时代、无愧于人民的光辉业绩。

89　自身硬气才有公信力，以身作则才有感召力

习近平总书记强调："打铁还需自身硬。"一名好铁匠要想打出精巧耐用的好铁器，自身首先就得过得硬，要有过硬的身体素质、过硬的精神状态和过硬的技艺水平。领导干部也是一样，只有做到自身正、自身净、自身硬，以身作则、言传身教、率先垂范，才能确保既想干事、能干事，又干成事、不出事；如果自身存在问题，就会前怕狼后怕虎、畏首畏尾，不敢去硬碰硬，不敢去较真。各级党员领导干部作为党和人民事业的组织者和带头人，走在前头、干在前头、当好示范，是公信力和感召力的集中体现，只有从自己做起，真正树好标杆、当好表率，才能带领广大党员干部跟着学、照着做，形成以上率下、上行下效的"头雁效应"。

让人服从不难，让人服气不易。古人云："吏不畏吾严，而畏吾廉；民不服吾能，而服吾公。"领导干部的公信力来自对自身的严格要求。当前，少数领导干部面对纷繁复杂的世界，管不住小节，守不住寂寞，挡不住诱惑，忘记了宗旨，放弃了原则，丢掉了本性，使公信力大打折扣，从而在群众中丢失了威信，丢失了形象。归根结底，就是对自身没有做到高标准、严要求，没有打好扎实过硬的实力基础。领导干部只有时时、处处、事事严格要求自己，当好名利、权力、人情、金钱、美色的"守门员"，做到政治过硬、本领高强，不断提升公信力，才能让群众打心眼里服气，从而得到更多的信任和支持。

身体力行是最有效的示范，以上率下是最有力的引导。子帅以

正，孰敢不正。西汉《盐铁论·疾贪》云："欲影正者端其表，欲下廉者先之身。"领导干部以身作则，是一种无声的命令，无形的力量。领导干部形象好、自身正，在干部群众中就有说服力、凝聚力、号召力，就能以点带面、以上率下，就能极大地激发广大群众的积极性、创造性。要求别人做到的，自己首先做到；要求别人不做的，自己首先不做，用模范言行奠人格之基、率风气之先、垂道德之范，产生见贤思齐、上行下效的示范效应，释放出巨大的人格感召力。

90 无论才能知识多么卓著，如果缺乏热情，则无异于画饼充饥，无补于事

激情、干劲是完成任务的"提神剂"，动力、活力是干好工作的"必备品"。马克思说："激情、热情是人强烈追求自己的对象的本质力量。"事实证明，充满激情地投身事业，就会有奋斗的动力，就能离既定目标越来越近。现代化建设征途上，领导干部使命光荣、职责重大，既要有知识、有能力，更要有活力、有干劲、有激情。总而言之，当干部就必须时时刻刻在状态。

热情是取之不尽的财富，慵懒是害己误事的魔鬼。古人云："水不激不跃，人不激不奋。"干事业，最可贵的就是胸中始终燃起火一般的奋斗热情。热情能激发出一个人自身的智慧和潜能，使人产生巨大的内在动力。热情之于人生，如同飞鸟离不开双翅；热情

之于政党，犹如航船需要劲风。从一定意义上说，事业成败，工作好坏，取决于精神状态。毛泽东同志曾说："人是要有点精神的。"邓小平同志曾指出，没有一股气呀、劲呀，就走不出新路好路。现实中，有的干部抱着"当一天和尚撞一天钟"的心态，得过且过；有的抱着"不求有功，但求无过"的心态，安于现状；有的抱着"船到码头车到站"的心态，不思进取。这些心态于己于事业皆无益。

热情干事、激情创业。哲学家黑格尔说："我们简直可以断然声称，假如没有热情，世界上一切伟大的事业都不会成功。"船到中流浪更急，人到半山路更陡。中国特色社会主义进入新时代，中华民族迎来了历史上最好的发展时期，也到了愈进愈难、愈进愈险而又不进则退、非进不可的时候，发展面临的环境更复杂、不确定性更大、风险挑战更多。领导干部要以"敢教日月换新天"的追求，以"会当水击三千里"的自信，以"躺着想事、坐着议事、站着干事"的劲头，毫不犹豫、毫不懈怠、毫不放松地抓好各项工作。

91　不忘初心才能更加自觉，担当使命才能更加坚定

习近平总书记指出，为中国人民谋幸福，为中华民族谋复兴，是中国共产党人的初心和使命，是激励一代代中国共产党人前赴后继、英勇奋斗的根本动力。初心既是愿景，更是行动；使命既是责

任，更是担当。当前，世界百年未有之大变局加速演进，尤其需要领导干部把不忘初心、牢记使命作为终身课题，让初心和使命在内心深处铸牢、在思想深处扎根，永葆赤子之心和奋斗精神，在新时代的赶考中交出优异答卷。

不忘本来，方可开创未来。苹果公司创始人乔布斯说："创造的秘密就在于初学者的心态。"对于个人而言，时时铭记初心，就能找对人生的方向，抵达成功的彼岸。对于共产党人而言，初心，既是坚守本原初衷，也是弘扬家国情怀，更是扛起责任担当。回望历史，从烽火连天的革命岁月到热火朝天的建设年代，再到波澜壮阔的改革时期，无数共产党人坚定初心、接续奋斗、砥砺前行的精神密码，就是永恒不变的初心。初心不是一时冲动，信仰不是虚无的空谈。领导干部唯有始终不忘当初为什么出发，才能真正自觉把初心使命转化为担当实干的精气神，以坚定的理想信念守初心、以过硬的能力本领担使命。

只有无愧今天的使命，才能不负明天的梦想。行百里者半九十，中华民族伟大复兴，绝不是轻轻松松、敲锣打鼓就能实现的。新时代新使命新征程，实现"第二个百年"奋斗目标，夺取具有许多新的历史特点的伟大斗争新胜利，不但有许多"雪山""草地"需要跨越，还有许多"娄山关""腊子口"需要征服，迫切需要党员干部坚定执着的使命担当。领导干部要以高度的政治责任感和历史使命感，增强必胜之心、责任之心，把使命担在肩膀上，用脚踏实地、埋头苦干的奋斗担起新时代共产党人的历史责任。

92　担当无难事，火大无湿柴

习近平总书记指出，"难"在前进道路上是永恒的问题，只有不断去探索、不断去奋斗、不断去克服前进中的困难，才能走上实现新阶段新目标的新道路。困难面前，怎么看，体现心胸、境界；怎么干，检验担当、能力。迎难而上方显责任担当，挺身而出才是共产党人的本色。领导干部要临难不避，敢于触及矛盾，以"明知山有虎，偏向虎山行"的冲劲啃"硬骨头"，以"为官避事平生耻"的担当勇挑重担，不断攻克前进道路上的各种艰难险阻、风险挑战。

不畏难，就不难。前进道路上，所谓的"难"，通常是指发展的瓶颈、全局的纽结，往往具有复杂性、典型性、艰巨性的特点，处理起来比较棘手，难见一招之效、难求一时之功。正是基于这样的特点，攻坚克难必须"敢"字当头，瞄准事物的关节点，知难而进、迎难而上，宁肯担风险、吃苦头，也要把堡垒攻下来，开辟通道继续前进。"天下之事，因循则无一事可为；奋然为之，亦未必难。"纵观人类社会每一次发展进步，都是在靠担当破解一个个难题的过程中实现的。心有担当，才能迎难而上，才能积极作为。"涉深水者得蛟龙，涉浅水者得鱼虾。"对于领导干部来说，"无难事"不是说一点困难都没有，而是要直面矛盾、正视困难、克服困难。

困难于强者是纸老虎，于弱者是真老虎。锐意进取、攻坚克难，是强者的大风歌，是显现本领、展示风采的舞台。从本质上讲，敢于担当、攻坚克难的精神，是我们党先进、优秀的重要体现和重要保证，是一种无私的政治品格，一种必备的履职能力，一种过硬的工作作风。习近平总书记强调："领导干部不论在哪个岗位、担任什么职务，都要勇于担当、攻坚克难，既当指挥员、又当战斗员。"干困难事，必有所得。领导干部都要始终保持一股闯劲、一股冲劲与一股韧劲，用心想事、用心谋事、用心干事，积极投身到千帆竞发的时代洪流中创新创业、挥洒才华。要以啃"硬骨头""涉险滩"的勇气担当作为、攻坚克难、破障前行，积极破解难题的关键节点、矛盾集中之处，才能把不利因素变为有利因素，化难题为机遇。

93 在担当中主动作为，在实践中埋头苦干，在奉献中实现价值

习近平总书记指出："说到底，无私才能无畏，无私才敢担当，心底无私天地宽。担当就是责任。"有作为的人，一定是敢担当的人，敢担当的人一定有所为、有所不为。合格党员的标准之一就是要做到讲奉献、有作为，发挥作用合格；要做到发挥作用合格，就要牢记党的根本宗旨，爱岗敬业、履职尽责，服务群众、奉献社会，敢担当、敢负责、敢作为，在促进改革发展稳定中作表率、当先锋。

事业起于担当，成就源于作为。担当作为关键在付诸实际行

动。新时代，面对人民日益增长的美好生活需要和不平衡不充分的发展之间的矛盾，面对许多亟待认识和解决的新情况新问题，领导干部要以担当展现作为，也必须有所作为，不能把思想和行动停留在履职尽责的层次上，而是要敢于攻坚克难，勇往直前，要以最广大人民的根本利益为一切工作的根本出发点和落脚点，在真心为民中彰显乐于担当作为的情怀，要在学习实践中提升善于担当作为的本领，练就担当的宽肩膀和成事的真本领，争做改革的"先锋官"，在历史前进的逻辑中前进，在时代发展的潮流中发展。

埋头苦干抓落实，真抓实干见成效。习近平总书记强调，要坚持求真务实，察真情、说实话，出真招、办实事，下真功、求实效，让埋头苦干、真抓实干的干部真正得到重用、充分施展才华，让作风漂浮、哗众取宠的干部无以表功、受到贬责。埋头苦干的干部是经济和社会事业发展的推动者。埋头苦干的干部不图虚名，埋头干事，不跟风追潮、随波逐流，不搞"面子政绩"。领导干部要始终保持埋头苦干的作风，心无旁骛、充满激情，始终坚持以富裕百姓、造福一方为己任，自觉做到对人民有感情，对工作有热情，对事业有激情，扑下身子狠抓工作落实。

奉献于生命才能获得有价值的生命。面对实现"两个一百年"奋斗目标、实现中华民族伟大复兴的历史使命，需要每个党员干部甘于牺牲自己、奉献人民，需要党员干部敢于用自己的辛苦指数换来群众的幸福指数。我们党能成就今天的伟业，就是因为有无私奉献的党员干部，全心全意为人民服务，把人民对美好生活的向往作为奋斗目标，自觉在党的领导下，埋头苦干实干，默默地用自己的汗水和才智服务人民、回报时代。领导干部必须要有奉献精神，要树立甘为人梯的理念，辛勤耕耘而不计回报，把"孺子牛"的精神内化于心，外化于行，用实际行动和默默付出践行共产党人服务为民的宗旨。

94 敢担当者有勇，能担当者有谋，善担当者有为

敢不敢担当是责任问题，能不能担当是能力问题，善不善担当是方法问题。领导干部只有敢担当、能担当、善担当，才能敢作敢为，善作善成，才能真正做到守土有责、守土负责、守土尽责。

人生的所有履历，都必须排在勇于负责的精神之后。习近平总书记强调："领导干部不论在哪个岗位、担任什么职务，都要勇于担当、攻坚克难，既当指挥员、又当战斗员。"每一个胜利都是敢担当者的战果，每一次进步都是敢作为者的收获，每一份成绩都是实干家们的功劳。对领导干部而言，有权必有责，有责必担当。那些得过且过不肯干事、心态失衡不愿干事、怕承担风险规避干事、对事情因"利"择之的领导干部，不是称职的干部，也不是负责任的干部，也不配当干部。作为新时代的领导干部，就要坚定理想信念，增强使命感和责任感，坚决摒弃被动应付、不思进取的消极心态，主动走出"舒适区"，拿出拼劲、闯劲、韧劲，主动担当尽责，积极干事作为。

没有能力的担当，仅为匹夫之勇。习近平总书记指出："领导

干部不仅要有担当的宽肩膀，还得有成事的真本领。"干部的价值体现在干事上，而能力则是干事的基础、成事的保证。担当要有本事。没有担当实干的本领和能力，再好的政策也将沦为纸上谈兵，再伟大的梦想也只是镜花水月。作为领导干部，就应当时刻有一份本领恐慌的危机感和紧迫感，始终保持虚怀若谷、如饥似渴的学习状态，不断提升思想境界、提升担当能力，避免陷入少知而迷、不知而盲、无知而乱的困境。

事必有法，然后可成。毛泽东同志曾把完成任务比作"过河"，把方法比作"桥"和"船"，不解决"桥"或"船"的问题，"过河"就是一句空话。当干部，事业当前既要想担当、能担当，更要会担当、善担当，而会不会、善不善、担得好不好，其中一个重要因素就是是否掌握科学的思想方法和工作方法。俗话说，方法得当事半功倍，方法失当事倍功半。做领导工作，只有熟练掌握马克思主义的科学世界观和方法论，善于运用马克思主义的立场观点方法来认识问题、分析问题、解决问题，才能抓住重点、抓住关键，才能少交"学费"，少走弯路，真正使工作更加符合客观规律、符合时代要求、符合人民愿望。

95　没有"初心"的"担当"是空谈，没有"担当"的"初心"是空想

初心和担当，相辅相成，初心是根本，担当是关键；初心是引

领，担当是笃行；没有"初心"的"担当"是空谈，没有"担当"的"初心"是空想，二者缺一不可；初心不忘，担当不辍；初心坚定不移，担当坚强有力。守初心，就是要牢记全心全意为人民服务的根本宗旨，以牢固的公仆意识践行初心，决不能脱离群众、轻视群众、漠视群众疾苦。有担当，就是向下对群众负责，将群众利益放在心头；向上对党中央负责，不折不扣落实党中央的决策部署，最终目的还是为了群众利益。

不忘初心敢担当，万家忧乐到心头。习近平总书记指出，"中国共产党人的初心和使命，就是为中国人民谋幸福，为中华民族谋复兴"，"事业发展永无止境，共产党人的初心永远不能改变。唯有不忘初心，方可告慰历史、告慰先辈，方可赢得民心、赢得时代，方可善作善成、一往无前"。如果为谁担当不清楚而错位离本，如何担当不纯粹而掺杂使假，便会滋生挑肥拣瘦、避重就轻、消极应付等"为官不为"的现象。没有"以百姓心为心"的观念，没有"计利当计天下利"的格局，担当的肩膀是硬不起来的。领导干部要做到"天下为公，人民为大"，要把人民群众耸立在心中，把人民群众的利益高高举过头顶，要站在群众的立场和角度来观察思考和调查研究问题，从人民利益出发谋划思路、制定举措、推进落实，如此，我们的守初心、勇担当才有深厚的自信力和强烈的感染力。

担当坚强有力，初心坚定不移。不忘初心，方得始终；使命易晓，致远维艰。习近平总书记指出："入党誓词字数不多，记住并不难，难的是终身坚守。"做到不忘初心、牢记使命并不是一件容易的事，重在坚守，难在坚守，贵在始终。初心使命是领导干部内在永恒的核心动力，是点燃工作激情的火种。群众利益无小事，为民担当无巨细。领导干部要始终站在人民群众的立场想问题、看问题、解决问题，常怀为民之心、常修为政之德、常思贪欲之害，始终将人民的利益高高举过头顶，为了实现好维护好发展好最广大人民群众的根本利益而担当尽责、喊出"跟我冲"的口号。群众遇到危险时要挺身而出，群众日常的操心事、烦心事、揪心事要悉心纾解，使群众时刻有主心骨，时刻有获得感。从群众所反映、所关注的桩桩件件的"小事"入手，戒哗众取宠、去虚浮不实，实打实地为群众排忧解难，才能真正赢得民心、守住初心。

96 多一分的担当，多一分的责任，多一分的实干

明代吕坤曾说："做官都是苦事，为官原是苦人。官职高一步，责任便大一步，忧勤便增一步。"习近平总书记指出，"共产党的'官'是很辛苦的"，当官不要当得那么潇洒。当官的"两苦三步"，道出了为官之苦，领导干部官职越高，责任就越大，需要干的事情就越多，当然就不会太"潇洒"。为官从政就要扛起更大的担子，肩负更重的责任，付出更多的汗水。

担当是信念之基，责任是力量之源，实干是从政之本。责任和担当，乃是家国情怀的精髓所在。职务就是责任，权力就是责任，责任就要担当，权力有多大、责任担当就要有多大，需要付出的辛

劳就有多大。只有知责明责，才能积极主动；只有敢于担当，才能攻坚克难；只有实干奋斗，才能有所作为。从历史上看，每一个丰功伟绩，都是时代机遇加上担当尽责、苦干实干的结果，没有纯粹的历史必然。从现实看，抢抓机遇需要担当尽责实干，否则机遇会化作过眼云烟；抓工作落实需要担当尽责实干，否则决策变为一纸空文，蓝图就会变成"墙上画饼"；推动发展需要担当尽责实干，否则工作的标准高不了，发展的成效好不了。一个地方的发展，不可能总是一帆风顺，总会遇到这样那样的困难和问题，甚至还面临矛盾、挑战和风险。"为官一任、造福一方"不是一个口号，而是以责任为前提，以能力为依托，以担当为关键，以实干为支撑，以实效为目的所产生的综合效能。领导干部应担责担难，保一方平安，强一方经济，富一方百姓，真正做到守土有责、守土负责、守土尽责。

以担当诠释初心，以责任铸就忠诚，以实干践行使命。 领导干部为官从政就意味着奉献和牺牲。只要心系使命、扛起责任，就没有过不去的坎；看准了的事情，就要拿出政治勇气来，敢于担当，坚定去干。把权责对等内化为思想认知，把实干担当体现到行动实处，就一定能干出让党和人民满意的事业。为官从政要多一分担当，勇于破障闯关、敢于破旧立新、善于破解难题，在克服困难和解决问题中不断提升能力水平，一步一个脚印地把各项事业推向前进；要多一分责任，全身心投入事业，履行好该履行的责任，精其术、竭其力，成其事、乐其业，在履行职责中实现自身价值；要多一分实干，以更加坚定的信心、更加昂扬的斗志、更加饱满的热情、更加旺盛的干劲、更加踏实的作风，少说多干、真抓实干、埋头苦干，用干部的"辛苦指数"，换来群众的"幸福指数"。

97 担当源自初心，必须做到想干事；担当贵在斗争，必须做到敢干事；担当需要本领，必须做到会干事；担当重在实效，必须做到干成事

干部干部，干是当头的。领导干部要切实把心思集中在"想干事"上，把胆识体现在"敢干事"上，把能力展现在"会干事"上，把目标落实在"干成事"上，主动挑大梁、扛重担、打硬仗，不断谱写经济社会高质量发展的新篇章。

*没有"初心"的"担当"是空谈，没有"担当"的"初心"是空想。*初心所向，素履以往。思想上的自觉造就行动上的自觉，有了想干事的态度才有愿担当的动力。一切国家机关工作人员，都要牢记中国共产党为人民谋幸福、为中华民族谋复兴的初心和使命，焕发干事创业永不枯竭、永不熄灭的动力和激情。现实中，少数干部想当官却不想干事，想出彩却不肯出力，这种消极心理若不克服，就会成为事业的腐蚀剂、前行的绊脚石。领导干部要不等不靠，积极作为，把想干事作为践行初心的座右铭，把心放在工作上，把工作放在心上，急人民之所急，想人民之所想，干人民之所盼，以沸腾的热血和充盈的干劲投入国家建设，为国家的发展添砖加瓦。

做干部必须**有担当**

  提振干事创业的精气神、锻造担当扛事的铁肩膀。斗争精神本质上是一种担当精神，共产党人面对矛盾冲突、艰难险阻是否敢于斗争、善于斗争，本质上体现的是担当问题。习近平总书记指出，"社会是在矛盾运动中前进的，有矛盾就会有斗争"，"我们共产党人的斗争，从来都是奔着矛盾问题、风险挑战去的"。为了党和人民的事业，无数干部敢想、敢做、敢当，成为时代的"劲草"和"真金"。慕生忠将军主动请缨，率领筑路大军一锹一镐开辟"天路"；"导弹司令"杨业功临终前还喊着"齐步走，一二一"；杜富国面对危险爆炸物毫不退缩，一句"你退后，让我来"尽显英雄本色……当前，我们党团结带领人民进行许多具有新的历史特点的伟大斗争，领导干部必须知重负重、勇于担当、攻坚克难，面对大是大非敢于亮剑、面对矛盾困难迎难而上、面对危机挑战挺身而出、面对工作失误敢于担责、面对歪风邪气坚决斗争。

  平庸就是错，无功便是过。干部干部，不光要想干事，还得会干事、干成事。倘若干部只有想干事的意愿，能力上平平庸庸、成绩上一无是处，没有会干事的本领，没有干成事的实绩，就可能误事、坏事。"责重山岳，能者方可当之。"有了过硬本领才能真负责、有担当、干成事。各级领导干部必须常有"能力不足"的恐慌感、"本领不够"的危机感，提升能力水平以适应新形势、应对新情况、解决新问题。要坚持把干成事作为最终目标，以强烈的事业心和责任感，在谋事业、抓工作中做到重实际、鼓实劲、求实效，不图虚名、不使虚劲、不务虚功，做到抓一件实一件、做一样好一样、干一事成一事。

98 "愿担当"有干劲是前提,"敢担当"有底气是关键,"能担当"有信心是保障

担当,是共产党人的政治本色,是人民公仆的鲜明标识。奋进新时代,需要各级领导干部增强担当的政治责任感和历史使命感,愿担当、敢担当、能担当,在全面建设社会主义现代化新征程中展现新作为、争作新贡献,当好新时代的答卷人。

内心有动力,干事有干劲。"延安五老"之一谢觉哉在《鼓起劲就干得了》一文中曾指出:"十分指标,十二分措施,二十四分干劲,任何困难,都在他们面前低头了。"愿担当、有干劲,是做好一切工作的先决因素。目标越是宏伟,越要振奋精神;任务越是艰巨,越要保持状态。全面建设社会主义现代化,难度比过去不是小了而是大了,担子比过去不是轻了而是重了。只有保持蓬勃朝气、昂扬锐气、浩然正气,愿担当、想作为,才能开创新局。领导干部要牢固树立"干事靠拼不靠熬"的思想,切实认清"干部与安乐无缘,和苦累常伴"的现实,带头叫响"看我的""跟我上"的口号,奋勇搏击、披荆斩棘,用新担当实现新作为、不辱新使命。

担当要有底气,作为要有勇气。做人需要底气,敢担当更需要底气。底气不足,则缩手缩脚、优柔寡断、前怕狼后怕虎,不敢较真,便会让人觉得不可信、不放心。打铁还需自身硬。只有自己过得硬,才有底气去担当。领导干部要不断加强党性修养,树立正确的权力观、地位观和利益观,不违规、不逾矩;要持续加强学习,

不断克服本领上的短板、知识上的弱项、视野上的局限，具备担当作为的过硬本领；要秉持公心，正确处理公私关系，培育干事创业敢担当的强大底气、激发为民服务解难题的无穷动力。

担当似航船，信心如风帆。明代哲学家王守仁曾说，"志不立，如无舵之舟，无衔之马，漂荡奔逸，终亦何所底乎"。信心是激发干劲、做好工作的力量源泉，是成功的精神支柱，是担当的重要保障。工作中，有的领导干部主观上很想有所建树，之所以没有成功，往往并不是能力不够、客观条件不够成熟，关键还是缺少担当的信心。信心贵如金。担当作为路上的困难挑战是只纸老虎，胆小与信念不坚定之人在它面前立刻就退缩，而有信心之人则不惧，敢于打破一切艰难险阻，坚定不移地勇往直前。领导干部首先要有坚定的"担当自信"，勇立时代发展"潮头"，瞄准人民群众"盼头"，凝聚党员干部"劲头"，只要符合党中央要求、符合基层实际、符合群众需求的，就大胆试、坚决干。

99 对待目标，要有"咬定青山不放松"的韧劲；对待任务，要有"不破楼兰终不还"的决心；对待群众，要有"俯首甘为孺子牛"的情怀；对待自己，要有"静我凡心立功名"的淡定

古人有言："修其心治其身，而后可以为政于天下。"一个人对待事物的态度彰显了个人的价值取向，影响行事作风，作用于行

为结果。习近平总书记强调，要在各自岗位上学习弘扬焦裕禄同志对群众的那股亲劲、抓工作的那股韧劲、干事业的那股拼劲。领导干部要持续加强思想作风修养、个人品德修炼，拿出对待目标、工作、群众和个人的正确态度。

千磨万击还坚劲，越是艰险越向前。坚韧不拔，是中华文化生命禀赋和生存耐性的体现，是中国共产党人精神谱系的重要构成。古之立大事者，不唯有超世之才，亦必有坚韧不拔之志。历史和现实告诉我们，从来没有一蹴而就的变革，也不会有一劳永逸的进步。领导干部无论身处何种岗位，都应沉下心来做事，蓄积滴水穿石的精神、善作善成的毅力、老牛爬坡的耐性。不贪一时之功、不为一时之誉、不计一事之成，敬终如始、绵绵用力，把本职工作抓到位，把解决难题抓到底，才能坚韧不拔，久久为功。

举旗定方向，决心赋力量。天下之事，因循则无一事可为；奋然为之，亦未必难。行百里者半九十，越是接近胜利，越要准备付出更为艰巨、更为艰苦的努力，越需要坚定"滚石上山，攻坚克难"的决心，毫不放松地前行。领导干部要有"不成功就成仁"的大无畏的做事决心，做到认准的事情扭住不放，决定的工作一抓到底，工作不落实不放手、精益求精，把事干成、干好，踏平崎岖、攻破险阻，闯出一片新天地，干出一番大事业，给党和人民交出优秀答卷。

无我之境界，为民之情怀。为民服务的宗旨意识，是每名党员干部必备的品德修养和干事创业应有的境界作风。回望来路，在我们党苦难辉煌的百年历程中，从外敌侵略时的顽强抗争到一穷二白时的发愤图强，再到新时代的与时俱进，征途漫漫，每一步都闪耀着为民服务的孺子牛精神。领导干部首先要俯下身子，深入群众。群众的烦心事、操心事、揪心事，坐在办公室里感受不到，材料中也找不到。只有与人民群众坐在一起、想在一起、说在一起、干在一起，才能察民情、听民意、解民忧。

宁静致远，淡泊明志。新时代领导干部要挑起备战打仗的担子，重在涵养淡泊名利的胸襟静气，以平和之心看待"名"，以知足之心看待"利"，以淡泊之心看待"位"，不汲汲于名利，不戚戚于得失，用静气驱散浮躁，用淡泊显现本真；要保持积极乐观的心态，保持笃定从容的步伐，正确对待权、名、利，把心思集中到想干事上，把本领体现在干正事上，把目标锁定在干成事上，始终做到安心、静心、用心，积蓄前行的力量，遇到更好的自己。

100 不经历风雨的树苗长不成参天大树，不经历磨难的人难成栋梁之材

习近平总书记指出："中华民族历史上经历过很多磨难，但从来没有被压垮过，而是愈挫愈勇，不断在磨难中成长、从磨难中奋起。"这就是磨难的力量，对国家民族如此，对个人亦如此。拿破仑说过："人，只有依靠苦难滋长起来，才可能伟大。"苦难是一种磨砺，苦难是一种成长，苦难更是一种财富。领导干部要成长、做大事，就必须经历各种磨难，在磨难中千锤百炼、厚积薄发、

成长成才。

不受百炼，难以成钢。人的一生，没有一帆风顺的，总要经历这样或那样的挫折与磨难。温室里的花朵经不起风雨的考验，屋檐下的小鸟飞不上广阔的蓝天。只有"根"扎得够深、"干"长得够壮，"叶"才能开得够盛，树才更有生命力。领导干部若遇到点挫折，就抱怨；遇到点麻烦，就逃避，如何能担重担、堪重任？磨难是阅历和经验的积累，是干部成长的坚实基石。只有历经了"一番寒彻骨"，才得"梅花扑鼻香"。领导干部要敢于吃苦，自觉置身于艰难困苦中，主动接受困难挑战，多经波折、坎坷、磨难，不断学习、感悟、成长，最终"千锤万凿出深山，烈火焚烧若等闲"。

多吃苦头，方有甜头。建党百年来，虽历经许多坎坷、许多荆棘，但我们党始终带领人民群众踏平坎坷成大道，斗罢艰险又出发，成功应对一个又一个磨难，实现一个又一个辉煌。可以说，磨难是我们走向辉煌的"铺路石"。正确面对挫折、磨难，是永葆共产党先进性和纯洁性的基本要求，是共产党能够历经磨难而不衰、千锤百炼更坚强的重要保障。领导干部要经得起磨难"折磨"，真正把挫折和困难当成最好的磨砺，越挫越勇、不屈不挠。全面建设社会主义现代化的使命繁重，前行道路上依然会面临诸多新情况、新问题，领导干部要坚持挑战面前不回避、问题面前不推托、挫折面前不退步，保持"逢山开路、遇河架桥"的精神、"踏石留印、抓铁有痕"的劲头，注重在重大工程、重大项目、重点任务的实践中锤炼解决实际问题、处理复杂矛盾的能力，以真本事、真担当展现新作为、实现新突破。

101 以担当尽责为本，以干事创业为要，以造福一方为荣

党的宗旨要求党的干部特别是领导干部要时刻牢记自己的使命，"在其位，谋其政""为官一任，造福一方"，这是对领导干部最基本的要求，也是领导干部的职责所在。领导干部作为"关键少数"，是担当尽责的"领头羊"，是干事创业的"风向标"，一言一行、一举一动，都会潜移默化影响整个单位的工作氛围和精神面貌，必须带头担当履职、带头干事创业，努力践行全心全意为人民服务的根本宗旨。

担当是力量之源，责任是信念之基。事业起于担当，成就源于尽责，领导干部在其位就要谋其政、履其职、尽其责。敢于担当尽责是党员干部特别是领导干部的职责所系、使命所在，既是政治品格，也是从政本分。敢担当、真干事，是一种状态，更是一种对党、对人民事业高度负责的精神。领导干部主动担当作为，就要树立强烈的责任意识，坚持担当为先、带头实干，面对大是大非敢于亮剑，面对矛盾敢于迎难而上，面对危机敢于挺身而出，面对失误敢于承担责任，面对歪风邪气敢于坚决斗争，做疾风劲草、当烈火真金。

干事是干部的天职，担当是干部的使命。习近平总书记强调："中华民族伟大复兴，绝不是轻轻松松、敲锣打鼓就能实现的。全党必须准备付出更为艰巨、更为艰苦的努力。"这既是谆谆告诫，更是明确要求。凡事想干了才有希望，不想则一事无成。领导干部只有出于对党和人民的事业高度负责的态度，脚踏实地，埋头苦

干，做起而行之的行动者、不做坐而论道的清谈客，当攻坚克难的奋斗者，不当怕见风雨的泥菩萨，才能扎扎实实地把党和国家的各项决策和工作落到实处。

造福于民是最大的荣耀，人民满意是最大的政绩。习近平总书记强调，各级领导干部要树立正确的权力观、政绩观、事业观，不慕虚荣，不务虚功，不图虚名，切实做到为官一任、造福一方。党员干部，特别是领导干部，作为人民公仆，必须坚持以群众之心为心，常怀为民之心，常修为政之德，以"功成不必在我，功成必定有我"的境界和品格，把群众的利益摆在第一位，深入基层、深入群众，多做打基础、利长远的事，不搞形象工程、面子工程，切实把工作落到实处，做出实实在在的业绩。

102　用责任点燃激情，以落实彰显水平，靠实干树立形象

良好的精神状态是做好工作的重要前提，当前国家正处在新的发展阶段，各项事业迎来"新"气象，这就要求领导干部更要继续崇尚实干、狠抓落实，坚定信心、凝聚共识，用牢固的责任意识沉下心来画好百年奋斗的蓝图，树立新形象，谱写新篇章。

激情源于责任，责任迸发激情。有一句古老的谚语说："湿火柴点不着火。"激情无疑是让人保持状态的神奇力量，没有激情，难干事、更难成事。习近平总书记指出，激情是一种可贵的工作状态和工作品质，往往能使人最大限度地发挥创造潜能。有责任感的

人，做事时充满激情，活力四射，认真仔细，在工作中就会主动去追求完美，圆满地完成自己的工作任务。领导干部要清楚认识责任既是激情的源泉，也是确保激情的保障。有责任护航的激情才能敢于直面矛盾，要把百分之百的热情投入工作，用追求完美的精神去完成好每一项工作任务，解决群众困苦，创造经得起实践、人民、历史检验的实绩，为实现中国梦而努力奋斗。

执行就是能力，落实就是水平。习近平总书记反复强调"崇尚实干、狠抓落实"。领导干部要坚持问题导向，大兴强化执行狠抓落实之风，充分发挥一股闯劲、一股拼劲、一股韧劲，面对艰巨繁重的任务，要自觉从全局高度谋划推进，做到实事求是、求真务实，善始善终、善作善成，把准方向、敢于担当，亲力亲为、抓实工作。领导干部要以明知山有虎、偏向虎山行的劲头，积极寻找克服困难的具体对策，冲锋在前，鼓励探索、大胆实践，敢想敢干、敢闯敢试，将各项工作举措落实、落细、落稳，用优秀的工作业绩回馈国家、回馈人民，回馈历史。

实干笃行，不负韶华。领导干部实干是天职，不干是失职，中华民族的伟大复兴离不开每一位领导干部、党员群众的上下齐心和在各自工作岗位上的真抓实干。领导干部要充分发挥带头表率作用，把抓责任、抓落实、见实效作为基本的工作方法，变"要我干"为"我要干"，运用智慧，发挥韧劲，敢于担当，冲锋在前，踩稳实干的脚步，亮出斩除困难的利剑，一级带一级，形成人人有责、事事落地、层层攻坚的良好工作氛围，积极传承和发扬想干、会干、快干的实干精神，饱含深情地为群众办实事，不遗余力地落实每一项工作，才能不忘人民期待，不负人民重托，树立为国为民的良好形象。

103　肩上的责任比泰山重，心中的使命比珠峰高

什么是责任？责任就是自身所充当的社会角色应承担的义务和要遵循的规则。责任是做人的基本，有着强烈责任意识的人，也就有着高尚的人格力量。习近平总书记强调，我们肩负的重大责任，就是对民族的责任，对人民的责任，对党的责任。领导干部是党和人民事业的骨干，肩负着"为人民谋幸福、为民族谋复兴"的时代重任，应该有强烈的责任感、使命感，带头知责、担责、履责、尽责，创造出党和人民满意的业绩。

责任重于泰山，事业任重道远。汉朝开国皇帝刘邦在《大风歌》中说："大风起兮云飞扬，威加海内兮归故乡，安得猛士兮守四方！"意思就是说，要有一批人来守土，负责站岗放哨。刘邦的《大风歌》、塘官的防决堤，这些故事虽然分布在时间轴的不同坐标点，却都承载着关于责任与担当的思考，都强调要"明白责任，敢于负责"。连封建官吏都能有如此强烈的责任意识、使命意识，共产党的领导干部又有什么理由逃避责任、辜负使命、拒绝担当？

使命呼唤担当，使命引领未来。习近平总书记指出："担使命，就是要牢记我们党肩负的实现中华民族伟大复兴的历史使命，勇于担当负责，积极主动作为，用科学的理念、长远的眼光、务实的作

风谋划事业；保持斗争精神，敢于直面风险挑战。"一个时代有一个时代的使命，一个时代有一个时代的担当。领导干部要始终聚焦学懂弄通做实习近平新时代中国特色社会主义思想，不断增强"四个意识"、坚定"四个自信"、做到"两个维护"；要发扬斗争精神，敢于直面问题和风险，勇于挑最重的担子、啃最硬的骨头，保持永不懈怠的精神状态和一往无前的奋斗姿态，干在实处、走在前列；要居安思危、慎终如始，保持创业初期那种励精图治的状态，以彻底的自我革命精神、更加务实的工作作风，切实担当起实现中华民族伟大复兴中国梦的伟大责任。

104 把家国大义扛在肩上，把百姓冷暖装在心中，把责任担当举过头顶

家国大义、人民情怀，体现的是一种责任担当。领导干部作为党的干部，是人民的公仆，必须心怀家国情怀，扎根人民群众，实实在在地扛起责任担当，不忘初心、不辱使命，踏实干事。

铁肩担道义，妙手著文章。家国大义，是对国家和人民所表现出来的深情大爱，是对国家的高度认同感和归属感、责任感和使命感的集中体现。国如车，家是轮，家国两相依。领导干部有责任和义务维护好、建设好我们共同的"家"，始终忠诚于党、忠诚于党的事业、忠诚于以习近平同志为核心的党中央，增强"四个意识"、坚定"四个自信"、做到"两个维护"，坚守共产党人的精神追求，

时刻想着替党分忧、为国解难，常怀忧党爱民之心，努力争做"忠诚、干净、担当"的人民公仆；始终坚持国家至上、民族至上，将立身养德的坚守、立志报国的追求和胸怀天下的担当融入血液，努力为国家创造更多财富、为人民增进更多福祉、为民族增添更多辉煌。

百姓冷暖挂心间，一枝一叶总关情。我们党的宗旨是全心全意为人民服务，人民群众对美好生活的向往就是我们的奋斗目标。身为党的领导干部，要树牢"以人民为中心"的思想，坚持把人民利益放在第一位，任何时候任何情况下都做到与人民群众同呼吸共命运，多到群众中去了解群众所思所想所需，急群众之所急，帮群众之所需，解群众之所难，做行走于人民中的"热心肠"，做为民奔走的"操心人"，让群众感受真情实意；要坚守共产党员的初心，以历史责任感和使命感，敢于担当、勇于奉献，以主人翁姿态建设好生自己养自己的家园，为中华人民共和国大厦添砖加瓦、有所作为；要敢于担当，真心诚意为群众办实事好事，围绕奋斗目标，以百折不挠的毅力、一抓到底的韧劲，逢山开路、遇水架桥，全力推进为民事业。

知责任者，大丈夫之始也；行责任者，大丈夫之终也。为人者，家国大义和人民情怀乃是责任担当精髓。当我们专注于亲情眷念、自我圆满时，不应忘了民生之疾苦同样关乎自我之荣辱。领导干部只有更好地兼顾小家与国家，将家国的情意深凝在对人民的大爱、对国家的担当上，人生才能真正达成圆满。从毛泽东"埋骨何须桑梓地，人生无处不青山"的壮志豪情，到赵一曼"未惜头颅新

故国，甘将热血沃中华"的慷慨赴义，再到焦裕禄"心里装着全体
人民，唯独没有他自己"的为民情深，常怀爱民之心、常思兴国之
道，是共产党人家国大义和人民情怀的生动写照。领导干部只有以
家国大义托举伟大使命，以人民情怀奠定执政根基，以伟岸人格承
接伟大担当，才能以无私奉献精神担当起更大重任。

105 牢固树立不甘人后的强烈意愿，坚定披荆斩棘的决心信心，确立舍我其谁的使命担当

面对具有许多新的历史特点的伟大斗争，面对前进道路上的各
种艰难险阻，总要有人去扛"炸药包"，也总得有人勇接"烫手山
芋"。实现中华民族伟大复兴，需要领导干部保持"披荆斩棘、越
是艰险越向前"的姿态、"不甘人后、快马加鞭未下鞍"的状态、
"舍我其谁、横刀立马"的心态，敢于挑最重的担子、啃最硬的
骨头。

策马奔腾不甘人后，只争朝夕不负韶华。干事在人，人在精
神。先进和优秀是中国共产党人的特征和追求；平庸是追求卓越
的天敌，是干事创业的克星。干事创业如逆水行舟，不进则退，瞄
准一流加油干，方能干出热火朝天的新气象、干出干事创业的新激
情、干出勇立潮头的新作为。领导干部在一个地区、部门的工作中
负有重要责任，必须要有追赶发展、跨越发展的意识，有不负众
望、争创一流的激情，有不甘平庸、勇于创新的热情，有心系基

层、踏实干事的真情，把心思用在干事业上，把精力集中到抓发展上，问题面前不回避，压力面前不躲闪，困难面前不推托，挑战面前不畏惧，不达目的不罢休。

坚定破釜沉舟的信心，鼓足闯关夺隘的勇气。 毛泽东同志说过，"我们共产党人是以不怕困难著名的"，"种种困难，遇到共产党人，它们就只好退却"。唯物辩证法认为，前进道路总是曲折的，困难和风险是不以我们的意志为转移的。历史长河奔涌浩荡，唯奋楫者先；时代的车轮滚滚向前，唯披荆斩棘者强。从来不怕任何艰难险阻、不怕任何风险风波，是中国共产党区别于其他政党的鲜明特征；在战胜困难中摆脱困境、走向成功，是共产党人的鲜明政治品格。"夫战，勇气也！"开启建设社会主义现代化新征程，必然会遇到各种矛盾、经受各种考验，领导干部必须具有探路者一样直面荆棘的勇气和战胜困难的信心决心，正视矛盾和问题，不使"癣疥之忧"变成"心腹之患"，不因局部问题影响发展全局，不让绊脚之石阻挡前进步伐。

舍我其谁挑重担，为观奇景上高山。 担当大小体现着干部的胸怀、勇气、格调，敢于挑重担是党员干部所应具备的基本素质。党员干部受组织和人民的信任走上领导岗位，意味着要承担更多的责任和压力，要付出更多的精力和心血。用党和人民赋予的权力，为人民群众办实事、解难事，造福一方百姓，领导干部当仁不让、责无旁贷，必须始终保持时不我待、只争朝夕的精神状态，以当仁不让、舍我其谁的责任担当，高质量完成好各项任务，努力向组织和人民交出一份合格答卷。

106 胸怀"功成不必在我"的境界，坚定"敢教日月换新天"的决心，树立"功成必定有我"的志向

习近平总书记指出，要以"功成不必在我"的精神境界和"功成必定有我"的历史担当，保持历史耐心，发扬钉钉子精神，一张蓝图绘到底，一任接着一任干。各级领导干部肩负着为官一任、造福一方的重任，在推进这项伟大事业中，用心、用脑、用力做好每一项工作，努力创造经得起实践、人民、历史检验的业绩。

不贪一时之功，不图一时之名。周恩来同志说，"立志者，当计其大舍其细，则所成之事业，当不至限于一隅，私于个人矣"，"善治者无赫赫之功"。尊重客观规律、按客观规律办事，是创造政绩的根本。出"功成"之力，而不求"功成"之誉，是中国共产党人的鲜明品格。干部总有更替，任职总有期限，但党的事业是无限的，全心全意为人民服务是没有止境的。领导干部只有树立"功成不必在我"的思想境界，脚踏实地、履职尽责、甘于奉献，才能在为民服务中践行宗旨，才能在推进社会主义现代化建设中有所作为。

志之所趋，无远弗届。"河出潼关，因有太华抵抗而水力益增其奔猛；风回三峡，因有巫山为隔而风力益增其怒号。"李大钊同志说："历史的道路，不全是平坦的，有时走到艰难险阻的境界。这是全靠雄健的精神才能冲过去的。"杨善洲同志也有句话："干革命要干到脚直眼闭。"当共产党的"官"是很苦的，进入新时代，群众期盼更高、从政标准更严、肩上担子更重，也就意味着有更大

的责任和更多的牺牲。作为领导干部，要有"大无畏"精神，敢于直面艰难困苦、敢于投身大风大浪、敢于应对风险挑战、敢于承担责任过失、敢于牺牲奉献自己，为了党和人民事业"赴百仞之谷而不惧"。

少在意得了什么，多想想干了什么。习近平总书记深情地说："这么大一个国家，责任非常重、工作非常艰巨。我将无我，不负人民。我愿意做到一个'无我'的状态，为中国的发展奉献自己。""无我"强调的是毫无私利，追求的是务实为民，这是我们党全心全意为人民服务根本宗旨的生动体现。致力非凡之事业，定有非凡之精神、非凡之担当。领导干部要始终不忘初心，始终把人民的利益放在第一位，以"忘我"的状态服务人民，以"有我"的担当矢志奋斗，不辱时代使命，干好自己这一任，跑好自己这一棒，争做新时代的奋斗者，在祖国最需要的地方建功立业。

第 五 篇

担当之法

107　校正担当方向，踏准担当步点，积蓄担当力量

担当精神是共产党人从历史中继承的优秀品质。习近平总书记强调："我们共产党人的忧患意识，就是忧党、忧国、忧民意识，这是一种责任，更是一种担当。"担当是改革的需求，是人民的期望，是为了实现中国梦的伟大奋斗，只有做到担当，才能无愧于时代、无愧于人民、无愧于历史。

把稳担当的"方向盘"。把人民群众放在心中最高位置，坚持以人民为中心，这是价值取向，也是担当导向。我们党自诞生那一天起，就把为人民谋幸福、为民族谋复兴装在心中、融入血脉、扛在肩上。领导干部要不忘初心、牢记使命，对标对表，校准担当的方向，紧紧依靠人民群众，把人生理想融入国家富强、民族振兴、人民幸福的伟业之中，为党尽忠、为国尽职、为民尽责；要始终坚持以人民为中心，把准新方位，担当新使命，不断夯实责任，强化担当，让担当方向不偏离航线。

走好担当的"准航道"。中国特色社会主义进入新时代，仍处

于历史发展的重要战略机遇期，但前进道路不会是一马平川、一片平坦，必然会面临各种风险挑战，必须会进行具有许多新的历史特点的伟大斗争。领导干部要瞄准目标、找准问题、踏准节奏，走好路子，确保队伍不偏航、思想不迷离、脚步不踏空；要勇于将困难挑在肩上，面对矛盾要敢于迎难而上，面对失误要敢于承担责任，在伟大事业中体现担当，绝不在精神状态上守摊子、占位子、混日子、当一天和尚撞一天钟，绝不在履职尽责上腾挪躲避绕，绝不在思维理念观念上抱残守缺、恋旧厌新，要一步一个脚印，一步一个台阶，带头起好步，走好担当的第一步，争做敢于负责、勇于担当的领路人。

厚积担当的"战斗力"。在新的历史起点上，迎着中华民族伟大复兴的光明前景，领导干部要养精蓄锐，积蓄担当力量，直面风险挑战，在真刀真枪中磨炼品质、塑造价值，创造出经得起实践、人民、历史检验的实绩；要在实践历练中激发个人潜能，磨砺担当重任的真本领，增长经验智慧，摸清规律、看到本质，练就兵来将挡、水来土掩的硬功夫；要把担当使命放在心上，把责任扛在肩上，以"功成不必在我"的精神境界和"功成必定有我"的担当，做一名伟大复兴路上的中坚骨干，勇挑重担，在新长征路上创造新业绩，书写新辉煌，贡献毕生的力量。

108　在坚持问题导向中体现担当，在提升标准质量中体现担当，在创新发展中体现担当

习近平总书记强调，各级党政领导干部要敢于担当、善于担当、体现担当。担当，是一种责任、一种境界，彰显人格魅力和民族大义。有多大担当才能干多大事业，尽多大责任才会有多大成就。领导干部要铸牢担当之"魂"，把稳担当之"舵"，增强担当之"能"，夯实担当之"基"，凝聚担当之"力"，增强担当之"效"。

问题导向找病根，靶向施策显担当。习近平总书记强调，要坚持问题导向，坚持底线思维，把问题作为研究制定政策的起点，把工作的着力点放在解决最突出的矛盾和问题上。新时代面临新问题，体现新担当，领导干部要充分了解党和国家事业面临的重大风险挑战，找准问题产生的病根子，从思想上正视，清醒认识到每个问题的紧迫性、艰巨性、重要性和必要性；从行动上面对，以高度负责的态度和使命担当精神，积极投身问题的分析与解决；从制度上解决，积极寻求解决问题的根本性长效机制，不作一时的表面文章应付了事。

主动作为开新局，提升能力勇担当。领导干部要把"人民满意"作为干事的最高标准和最高质量要求，始终坚持把为人民服务放在首位，自觉运用马克思主义的立场、观点和方法分析、解决服务群众过程中遇到的问题，把各项工作做到位，实实在在帮群众解难题、为群众增福祉、让群众享公平，不断提高为民服务质量和水

平；要围绕加强薄弱环节、改进不足之处，把标准和质量导向鲜明树立起来，推动为民服务从注重"做了什么""做了多少"向"做出了什么效果"转变，在提升标准中提振干事创业精气神，展现担当作为新风貌。

务实求变练本领，创新服务敢担当。革故鼎新、与时俱进是中华民族精神的重要元素。改革发展，最本质的要求就是创新，最鲜明的气质也是创新。如何在世界百年未有之大变局下开新局，领导干部要树立创新意识，以新方法解决新问题、以新思路谋求新发展、以新眼光把握新机遇，不做墨守成规的太平官，富有敢冒失败风险的担当；要培育符合改革创新要求的精神状态，既努力避免超越现实而急于求成的倾向，又摒弃无视深刻变化着的实际而因循守旧、故步自封的观念和做法，始终保持蓬勃的朝气、创新的锐气，不断进取、奋发有为。

109 担当要讲信仰，担当要讲能力，担当要讲方法，担当要讲合力，担当要讲底线

习近平总书记强调："党的十九大提出的'两个一百年'奋斗目标，是人民对美好生活向往的集中体现，是当代中国共产党人最重要最现实的使命担当。"奋进新时代、开启新征程，我们必须坚定信仰信念、提升本领能力、深化自我革命、勇于担当作为，为实现新时代党的历史使命不懈奋斗。

初心源自信仰，使命呼唤担当。信仰坚定，才能自觉担当。正是因为坚定的信仰，革命战争时期，先辈们才会为了革命的胜利抛头颅洒热血，视死如归；正是因为坚定的信念，和平年代，许许多多优秀的领导干部才会为了人民的利益奋勇抗争。领导干部要把党的初心和使命铭刻于心，以中国特色社会主义建设者和接班人的使命担当，为全面建设社会主义现代化强国而努力奋斗。

空谈担当无意义，能力过硬才为真。担当不只是精神上的担当，还要有相应的能力作支撑。做担当作为、干事创业的好班长，必须把抓落实放在更加突出的位置，努力提高推动落实的能力。领导干部要通过不断学习和实践，从党的最新理论成果中汲取养分，获得自身提升的动力和源泉，用最新理论指导新的实践，不断增强学习能力、实践能力、群众工作能力，铸就践行担当的宽肩膀，提升践行担当的新本领，增强践行担当的高超能力。

担当讲方法，事半能功倍。人们常说："方法为王，工具为辅。"认准肩负的责任是勇于担当的前提，掌握系统方法是勇于担当的途径。方法正确事半功倍，方法失当事倍功半甚至空耗人力、物力和财力。领导干部想要挑起担子、迈步向前，就必须要勤学善思，善做能为，发挥自己的主观能动性，善于把握规律，讲究科学方法，努力提高把握全局、科学谋划、精准施策的能力。

人多力量大，合力共担当。团结出凝聚力，出战斗力，出新的生产力，也出敢于担当的干部。领导干部要强化责任担当，凝聚起干事创业强大合力，围绕中心工作，敢于牵头、主动牵头、一干到底，团结干部群众的力量，主动作为，带头引领担当，为干事创业凝聚起强大合力。

坚持干净干事，担当才有意义。无私才能无畏，无畏才敢担当。领导干部手握公权，要公权公用、不谋私利，公正公道、不徇私情，说话才有底气，干事才敢硬气。领导干部要坚定政治站位，保持政治定力，时刻保持清醒的头脑，牢固确立人民群众利益高于一切的观念，踏踏实实地做事，自觉抵制不良风气，做到清正廉洁，真正做到守底线、勇担当。

110 守好"主阵地"，避免责任落空；织密"铁笼子"，促进责任落实；用好"杀手锏"，倒逼责任落地

责任贵在担当，不能勇于担当或者不敢担当，责任的意义就无从谈起。担当责任必须以明确责任为前提，离开责任的内涵和外延，离开责任的具体指向和价值定位，勇于担当无异于镜花水月。只有明确责任、压实责任、落实责任，广大党员干部才能将其扛在肩头，只有将责任扛在肩上，才能更有效地担当责任。

岗位就是责任，有责任就要有担当。认清责任才能切实担当，认准责任才能更好担当。进入新时代，我们面临的发展环境发生了深刻的变化，广大领导干部所承担的责任也相应发生了一些变化，但为中国人民谋幸福、为中华民族谋复兴的初心和使命没有变化，必须将其作为根本责任明了于胸、铭记于心。领导干部要强化思想认识，守好"责任田"，要在其位谋其政，把责任意识贯穿始终，

担起相应的责任，发挥应有的作用，体现应有的价值，做到守土有责、守土尽责，把全部的身心扑在工作岗位上，闯出一片新天地，耕耘好自己的责任田。

织密制度笼子，强化责任担当。没有规矩，不成方圆。面对人民赋予的权力，领导干部要始终怀着敬畏之心，既要坚守党的纪律和规矩的底线不逾矩，又要坚持追求理想信念的高线不松懈，做到知止善禁、坚守正道；要认真贯彻落实新时代党的建设总要求，全面加强党的政治建设、思想建设、组织建设、作风建设、纪律建设和反腐败斗争，带头维护制度权威，以身作则，以上率下，争作制度执行的表率；要坚持高标准和严要求，自觉以党的纪律为尺子，做到知敬畏、存戒惧、守底线，层层传导压力，确保责任不落空、工作不空转，激发敢作敢为、善作善为的驱动力。

问责要打在痛处，倒逼干部抓实干。习近平总书记强调："坚持有责必问、问责必严，把监督检查、目标考核、责任追究有机结合起来。"问责一个、警醒一片，没有问责就难有担当，问责就是要唤醒责任意识，激发担当精神。有了"问责"这个"杀手锏"，领导干部的责任意识会更强、担当精神会更足，履职步伐会更稳、群众基础才会更扎实。领导干部要把问责作为管党治党利器，把权力与责任、义务与担当对应起来，实现从"官多大权多大"到"官多大责多大"的转变，是哪一级的责任就追究到哪一级，该采取什么问责方式就采取什么方式，使每一级党组织都把自己摆进去，担起相应的责任，以问责倒逼责任落实，让责任永不缺位。

111 提高政治站位，自觉明责负责；发扬斗争精神，努力担责守责；厚实能力基础，主动履责尽责

古人云："各自责，天清地宁；各相责，天翻地覆。"知责奋进，担责敢为。新时代是充满挑战、砥砺奋进的时代，也是必须担当付出、必将大有作为的时代，领导干部只有明责笃行，对工作兢兢业业、尽心竭力、善始善终、善作善成，讲责任、勇担当、敢作为，才能担负起为中国人民谋幸福、为中华民族谋复兴的重任。

生命跟时代的崇高责任联系在一起就会永垂不朽。全面建设社会主义现代化是系统工程，各级有各级应尽的责任、一级有一级作为的空间，考验的是领导干部的政治觉悟、政治担当、政治能力、政治责任。领导干部要自觉在思想上、政治上、行动上同以习近平同志为核心的党中央保持高度一致，把讲政治贯穿于党性锻炼全过程；要自觉带头示范责任，定下的任务、部署的工作，要有实的举措，坚定不移做党的理想的自觉追随者、党的核心的坚定捍卫者、党的指示的忠实执行者；要带头明责，把党和国家的建设发展任务分解到位、细化到岗、责任到人，明确权力清单、责任清单、工作清单，谁分管谁负责、谁干事谁负责，对下做到一级抓一级、对上做到一级向一级负责。

动力催生责任，主动迎战才有生路。斗争精神，映照着中国共产党波澜壮阔的百年历程，始终是我们党宝贵的精神财富。领导干部要增强斗争精神，广泛开展基于党性、基于原则、基于共同事业的斗争，不搞好人主义、不当"开明绅士"，做到在党言党、在党

忧党、在党为党、在党护党；要发扬斗争精神，勇于担当负责，有担当的思想自觉和行动自觉，不断锤炼敢担当的精神品质，强化责任意识，以时不我待的紧迫感、舍我其谁的使命感，做到责随职走、心随责行，立足本职岗位，牢记责任和使命，多一份压力和责任，勇敢地担负起应尽的责任。

软肩膀挑不起硬担子，能者方可尽其责。把负责、守责、尽责体现在每个岗位上，关键要不断提高能力水平。党和国家事业发展没有止境，能力提升也没有止境。习近平总书记指出："人民群众中蕴藏着治国理政、管党治党的智慧和力量。"领导干部要打牢担当的能力基础，脚踏实地，大力传承党的优良作风，深入一线，多听些"沾泥土""带露水""冒热气"的群众声音，放低身段，接上地气，多做些"雪中送炭"、解难帮困、群众欢迎的实事好事；要务求实效，做到"驰而不息、久久为功"，"咬定青山不放松"，深入持续抓落实，多做打基础、利长远、增后劲的工作，一张蓝图绘到底，一茬接着一茬干，真正担当时代重任，以"本领自信"在岗位上更好地履职尽责。

112 解决问题要雷厉风行、见底见效，面对难题要敢抓敢管、敢于担责

习近平总书记强调，面对复杂形势和艰巨任务，我们要在危机中育先机、于变局中开新局，要勇于直面问题，想干事、能干事、

干成事，不断解决问题、破解难题。新时代党的干部，肩负中华民族伟大复兴的时代使命，要敢于直面问题，矛盾面前不躲闪，困难面前不退缩，在解决困难问题中不断增强群众对党的信任和信心，筑牢党长期执政的阶级基础和群众根基。

干就干及时，做就做彻底。雷厉风行，是对确定的方针、作出的决策、承担的工作，执行坚决、贯彻得力；是面对任务要求、面对困难阻力，能够想得出思路"破题"，找得出办法"破冰"，拿得出措施"破局"；是有敢于担当的气魄、敢闯敢试的气概、勇于负责的气度。雷厉风行就是要闻风而动、只争朝夕。遇到问题马上就去解决，落实目标马上就去办理。领导干部要做到特事特办、快事快办、难事巧办，坚决克服把"易事"推成"难事"、把"简单事"搞成"繁杂事"的拖沓懒散作风；要以只争朝夕的精神迎接机遇与挑战，对于已经确定的方针、既定目标、各项任务的贯彻落实，必须是坚决迅速、不折不扣、有声有色、确有成效。

不做"老好人"，不当"太平官"。问题是事物矛盾的表现形式，如果对矛盾熟视无睹，甚至回避、掩饰矛盾，在难题面前畏缩不前，就会影响党和人民的事业发展。迎难而上、因势利导，逢山开路、遇水搭桥，我们党的历史是这样书写的，明天的传奇也将这样铸就。领导干部要敢于攻坚克难，在破解难题上下功夫、见真章，始终保持越是艰险越向前的刚健勇毅，跟着问题走、奔着问题去，善于攻坚克难，不断提高解决实际问题的能力，努力把解决实际问题作为打开工作局面的突破口；要把党和人民的期望看得很重，把权力负载的责任看得很重，对工作敢于负责，对问题敢抓敢管，善于见微知著，一叶知秋，对倾向性、苗头性问题及时研究、及时处理，不让小问题酿成大问题；要时刻把人民群众的安危冷暖放在心上，切实解决群众"急难愁盼"的问题，带领群众通过艰苦奋斗创造幸福生活。

113 多往工作落实的末端、跟踪问效的前沿去，以工作落实检验担当品质

发展是硬道理，落实是真功夫，抓落实是对党、对人民、对事业高度负责的集中体现，是衡量领导干部责任担当、干事能力、工作作风的重要标志。领导干部作为各项工作的组织者、指挥者，在抓末端落实的同时，肩负着运筹帷幄、跟踪问效的责任，领导干部只有思在前虑在先、带头想带头做，在工作落实上才能开好头起好步。

压实责任到每一个"神经末梢"。每一份工作都有自己的"末端"，末端落实的好坏，决定着事业预期目标的实现，落实得好，就劳有所获、成果丰硕，反之，就会前功尽弃、难有所获。行百里者半九十，有些工作越是只剩"最后一公里"，越是接近"末端"，遇到的挑战就越大，这个时候更需要一鼓作气、战斗到底。每个领导干部无论职务高低，无论岗位在哪里，都有自己相应的职责，只有明责尽责、末端落实才有可靠保证。抓末端落实，这个过程是从起点到终点，不是一蹴而就的，如果中间一个环节没有落实好、一个问题没有解决好，落实的链条就会中断。领导干部要精于抓好落

实的末端，要全程抓、抓全程，以强烈的事业心责任感，抓好每一个环节的有效落实，既不能出现薄弱环节，也不能节外生枝，要保证环环相扣、步步扎实，把责任分解到层、具体到人，贯穿于落实全过程；要反复抓、抓反复，不厌其烦、不畏其难，把责任渗透在持之以恒抓落实上。

跟踪问效，一追到底、一问到底。抓落实是一个慎终如始、善作善成的过程，需要持续跟踪问效。跟踪问效不是简单地汇报、总结和表扬，而是上一级对下一级的工作要及时督促、检查、指导、调整，发现问题及时纠正，保证工作质量，跟踪问效不是"走过场"，需要的是穷追不舍的问效精神。领导干部要联系实际、着眼全局、把握要求，带头思考出思路，带头行动作示范；要盯人盯事，"盯"既是责任表现，也是落实行动，建立和落实目标责任制，具体细化指标，明确责任主体，一级盯一级，一层盯一层，盯住关键人、盯在关键处，盯好关键事，让不放心的事变成安全的事、放心的事；要对安排部署的工作及时督促、检查、指导、调整，发现问题及时纠正，一追到底、一问到底，问出民意、问出实效，确保服务对象满意。

114 责任如山的政治担当，唯实求真的作风担当，自我革命的勇气担当

习近平总书记强调："改革推进到今天，比认识更重要的是决心，比方法更重要的是担当。"新时代，各级领导干部要以坚定的

政治担当、作风担当、勇气担当，在其位、谋其政，干其事、求实效，作出无愧于时代、无愧于人民、无愧于历史的业绩。

责任之大，重于泰山；担当之重，诚如真铁。回望党的历史，强烈的政治担当促使中国共产党成功开辟出中国特色社会主义道路，促使中国共产党勇于直面矛盾、解决问题，促使中国共产党带领人民奋力实现"两个一百年"奋斗目标。今天，历史的接力棒传到了我们手里，责任重于泰山。领导干部要进一步增强对党忠诚、为党分忧、为党尽职、为民造福的政治担当，坚定执行党的政治路线，在政治立场、政治方向、政治原则、政治道路上同党中央保持高度一致；要严格遵守党的政治纪律和政治规矩，任何工作都以贯彻党中央决策部署为前提，坚持党的原则第一、党的事业第一、人民利益第一，任劳任怨、尽心竭力，动真碰硬、闯关突破，奋发有为。

务实唯实，作风立得住；知重负重，矢志前行。习近平总书记指出，优良作风是我们党克敌制胜的传家宝。实践证明，好的作风，不但能够产生凝聚力、执行力，而且能够产生创造力、战斗力和生产力，这是战胜各种困难、完成繁重任务的根本保证。当前，正值"十四五规划"的起步之年，又是改革攻坚克难的关键时刻，过硬的作风更加重要。领导干部要让作风都硬朗起来，当好作风建设的执行者，做到不等不靠不观望，坚持实事求是，不唯上、不唯书、只唯实，进一步提升敢担当、勇作为的思想境界，激发求真务实、担当奉献的精神状态，以过硬的作风推动干劲大提升，担当实干勇作为，以只争朝夕的精神抓好落实推进。

责无旁贷，举旗担纲；时时处处，率先垂范。刀刃向内、自我革命就是要敢于直面问题、不回避、不遮掩，勇于刮骨疗毒，主动向自己"动刀子"，自觉去污排毒、吐故纳新，不断克服不足、弥补缺陷。领导干部要勇于向推诿扯皮、庸懒散拖、工作不实"动刀"，勇挑最重的担子，敢啃最硬的骨头，在勇于自我革命中经受锻造，在善于改革创新中提升本领，做埋头苦干、立说立行的实干家；要在革故鼎新、推陈出新中实现自我净化、自我完善、自我超越，自我提高能力，自觉为党分忧、为国尽责、为民服务，在实现中国梦的伟大事业中作出积极贡献。

115 担当要坚持原则，担当要迎难而上，担当要虚怀若谷

习近平总书记强调："敢于担当，党的干部必须坚持原则、认真负责，面对大是大非敢于亮剑，面对矛盾敢于迎难而上，面对危机敢于挺身而出，面对失误敢于承担责任，面对歪风邪气敢于坚决斗争。"担当在党和国家事业的建设中体现为为民服务的宗旨意识，直面矛盾、解决问题的能力要求，谦虚谨慎、戒骄戒躁的作风精神。

做事要有规矩，有所为有所不为。习近平总书记强调："敢于担当，是为了党和人民事业，而不是个人风头主义，飞扬跋扈、唯我独尊并不是敢于担当。"担当就是要坚持为人民服务的宗旨，将群众利益作为政策的出发点和落脚点，深入群众做工作，为民服务解难题。领导干部要把高标准履职尽责作为基本要求，出现过失敢

担责、难题面前勇作为，工作中时刻把讲原则放在首位，把按章办事、依法行事作为准则，要时刻铭记肩负的神圣职责，不忘初心，坚守信仰，在坚持原则中彰显担当。

*风雨兼程是常态，艰难险阻是状态，迎难而上是姿态。*毛泽东同志在党的七大上作总结报告，一口气列举了17条困难，强调要有精神准备，准备对付非常的困难，对付非常的不利情况。习近平总书记也强调："中华民族伟大复兴，绝不是轻轻松松、敲锣打鼓就能实现的。全党必须准备付出更为艰巨、更为艰苦的努力。"站在新起点，领导干部要清醒认识我们所面临的各种挑战，善于抓住主要矛盾和矛盾的主要方面，攻坚克难、迎难而上、知难而行，肩负起职责使命勇往直前、拼搏奋进，有锲而不舍的钻劲、百折不挠的韧劲、破釜沉舟的拼劲，真正无惧艰险、不畏困苦，以永不懈怠的担当精神履职尽责。

*谦逊不失担当，温柔且有力量。*70多年前，毛泽东同志在党的七届二中全会上告诫全党："务必使同志们继续地保持谦虚、谨慎、不骄、不躁的作风，务必使同志们继续地保持艰苦奋斗的作风。"而今天，我们比历史上任何时期都更接近实现中华民族伟大复兴的目标。领导干部要摆正自己的"公仆"位置，深入田间地头，用眼看、用耳听、用心感受，虚心求教，找到办好实事的"良方妙药"，在实干中不断提升本领素质，不断成长；要做到登高望远、居安思危、谦虚谨慎，始终牢记"两个务必"，以时不我待、只争朝夕的精神，奋力走好新时代的赶考路。

116 培塑担当之源，理想信念要特别坚定；筑牢担当之本，党性原则要特别坚强；提升担当之力，素质本领要特别过硬

习近平总书记指出："理想信念就是共产党人精神上的'钙'，没有理想信念，理想信念不坚定，精神上就会'缺钙'，就会得'软骨病'。"特别是在当今社会，物欲横流，没有坚定的理想信念支撑，很容易就本心失守，违纪违规。加强党性修养，坚定理想信念、增强学习本领，提高自身素质，这是新时代对共产党员作出的更高的要求。

熔铸入灵魂，融之于血脉。理想信念动摇是最危险的动摇，理想信念滑坡是最危险的滑坡。一个政党的衰落，往往从理想信念的丧失或缺失开始。我们党是否坚强有力，既要看全党在理想信念上是否坚定不移，更要看每一位党员在理想信念上是否坚定不移。领导干部必须认认真真地多读马克思主义的经典著作，从根本上解决自己的立场方法和世界观问题，从根本上确立自己的精神追求和理想信念；必须深入学习马克思列宁主义、毛泽东思想、邓小平理论、"三个代表"重要思想、科学发展观、习近平新时代中国特色社会主义思想，不断提高马克思主义思想觉悟和理论水平，保持对远大理想和奋斗目标的清醒认知和执着追求。

讲党性不讲关系，讲原则不讲人情。党性是共产党员的灵魂所在，讲党性就是坚持坚定的政治立场、政治方向和政治观点，严守政治纪律和政治规矩，从政治上认识和判断形势，思考和处理问题。讲党性是共产党人的立身之本。作为领导干部必须始终牢记宗

旨意识，恪守公仆本分，自觉为人民掌好权、用好权，坚持以人民为中心的发展思路，把人民群众的利益放在第一位，把群众满意作为工作的根本目标，用实际行动践行入党时的铮铮誓言。

内练精气神，外练筋骨皮。领导干部作为关键少数，是落实的中坚力量，其素质的高低决定着党的建设伟大工程的质量，进而关乎中华民族复兴伟大梦想的实现。领导干部必须不断增强知识更新的紧迫感，如饥似渴地学习知识，掌握学问，增强素质，提升能力，才能成为勤于学习、勇于担当、甘于奉献的栋梁之材，才能完成时代赋予的历史重任；必须做到信念过硬、政治过硬、责任过硬、能力过硬、作风过硬，提高综合素质，才能担当起党和人民赋予的新时代使命任务，作出经得起实践、人民和历史检验的实绩，交出成绩优异、人民满意的新时代答卷。

117 "干净"擎起"担当"，"担当"砥砺"干净"

没有干净，担当就可能被异化，甚至成为乱作为；不担当，干净就没有意义；"干净"擎起"担当"，"担当"砥砺"干净"，"干净"愈严于律己，"担当"愈知重负重；"干净"天经地义，"担当"义不容辞。二者集于一身，才是好干部的正装形象。

干净是为官的基础，干净是担当的底蕴。事业任重道远、责任重于泰山。因为忠诚，所以干净，捧着一颗心来，不带半根草去；因为忠诚，所以担当，党指到哪，就打到哪。领导干部要干干净净做人、踏踏实实做事，不仅要想干事、肯干事、敢干事，还要会干事、能干事、干成事；要对权力常怀"敬畏之心"，对名利常怀"淡泊之心"，对诱惑常怀"警惕之心"，铸造"干净之心"，以干净"擎起"担当，做到权为民所用，敢于斗争以维护最广大人民的利益，成为人民群众信任依赖的好干部。

担当是为官本分，担当是干净的目的。古人云，"无瑕者可以戮人，唯自净者可以净人"。坚持行胜于言，用自己的实际行动证明自己是一个干净的干部，人民群众自然就会接受和信任，这样在群众中就会有威信，工作也就能够顺利开展。领导干部要以忠诚干净担当为标准和方向，把正确处理干净和担当的关系融入日常党性锻炼全过程，贯穿于工作生活的各个方面，内化于心、外化于行，树立树牢正确的权力观、地位观、利益观，把牢思想"总开关"，严守党的纪律和规矩，练就担当负责、善作善成的过硬本领，把责任担当体现在日常的工作上、落实到具体的行动中，担当尽责；要平衡好干净与担当的关系，才能在工作中严守底线的同时为党和人民干出新业绩，创出新成绩。

118 以担当带动担当，以作为促进作为

习近平总书记强调："要建立健全激励机制，推动形成能者上、优者奖、庸者下、劣者汰的正确导向，为改革者负责、为担当者担当，激发党员、干部干事创业的热情和劲头。"

为担当者担当，为负责者负责。担当有作为，是党和人民对新时代党员干部的基本要求和殷切期盼。领导干部要增强对党忠诚、为党分忧、为党尽职、为民造福的政治担当，增强时不我待、只争朝夕、勇立潮头的历史担当，增强守土有责、守土负责、守土尽责的责任担当，做到"在其位、谋其政，干其事、求其效"；要带头树立鲜明的选人用人导向，让担当作为者吃苦不吃亏；要坚持从对党忠诚的高度看待干部是否担当作为，真正把那些政治过硬、实干苦干、敢抓敢管的干部发现出来、重用起来，让担当者得重用、获褒奖，让碌碌无为者让位子、受警醒；要健全完善容错纠错机制，对担当作为者放手不放任，按照习近平总书记提出的"三个区分开来"，合理实施容错纠错机制，尽力将容错纠错从"事后补救"前移到"事前预防"，鼓励干部放开手脚大胆闯。

一级带着一级干，一级做给一级看。作为是检验担当最好的标准，甚至是唯一的标准。一个人有所作为，大有作为，这是对担当最好的诠释；不能作为，不敢作为，甚至为官不为，这样的人讲担当，只能是华而不实，只能是"中看不中吃"，只能是应景之作。群众最反感"空头支票"，群众最需要、最看重的是有更多的"获得感"。领导干部必须不断学习、不断实践、不断总结，学会运用战略思维、创新思维、辩证思维、底线思维、法治思维来解决问题；要坚持从群众中来到群众中去，加强与群众的血肉联系；要善于总结工作经验，正确对待成绩和失误，不断促进工作开展；要自觉以理论武装头脑、指引理想、坚定信仰，带头在实践中用自己的实际行动坚持和发展中国特色社会主义。

119 避免急功近利、消极守成，把握好火候，多做打基础、管长远的事情

习近平总书记强调，全党同志特别是各级领导干部坚持"两个务必"，自觉为党和人民不懈奋斗，不能安于现状、盲目乐观，不能囿于眼前、轻视长远。对待党和人民的事业，领导干部要树立正确的政绩观，要坚持"功成不必在我"的修为原则，秉持"功在当代，利在后世"的为政之道，将显功与潜功统一起来。

欲速则不达，守成则事不成。党员干部有风风火火的工作态度很好，至少比懒惰拖延要好，但不能急于求成，个人成长也是如此，年轻干部有远大的志向很好，但要立足脚下，一步一个脚印，干好本职工作。领导干部要有负责任的态度，既要有不达目标不罢休的决心和毅力，努力拼搏，不轻言放弃，又要把握客观规律，循序渐进，稳扎稳打；要有久久为功的韧劲，致力于干好工作，不求速成，看淡个人得失，不冒进贪功，始终坚定目标，遇到困难不退缩，碰到挫折不放弃。经验来自实践，有益的总结可以让人少走弯路，但是，如果一味迷信经验、唯经验是从，只能是亦步亦趋、自我设限，贻误关键机遇。深化改革，关山万重，在推进全面深化改革的时代进程中，领导干部要保持积极学习、奋力创新的姿态，及时更新观念、一切从实际出发，才能有效避免穿着新鞋走老路、倒行逆施走退路、违背科学走弯路。

功成不必在我任期。任何事都不是一蹴而就的。上至国家，发展社会主义生产力需要一个漫长的过程；下至个体，一个人的成长

与突破需要建立在长期积淀的基础上。任何成功都需要坚持，需要艰难漫长的拼搏，没有捷径可走。立足于人民福祉昌延的领导者，能料远若近，负重前行，以发展的眼光善待理想与现实的矛盾，兼顾短期利益与长期利益，甘愿"前人栽树，后人乘凉"。领导干部既要一以贯之做显功，又不管窥蠡测唯显功，更要默默无闻练潜功；要多干打基础、利长远的事情，以一个个小梦想的实现来成就大的中国梦的实现；要心甘情愿做"栽树人"，不计较一时得失，不追求"立竿见影"，在推动经济社会发展中不做一锤子买卖；要保持工作连续性和稳定性，不管领导干部换几茬，都要一张蓝图绘到底、一任接着一任干。既要干好前任未竟之事，沿着既定目标走好，又要在继承中创新、在落实中积累经验，不断谋划新的更好的发展模式，还要承前启后，干好后任甚至后后任才能见效之事。

120 息息相关就是人人有责，休戚与共就要各尽其责

习近平总书记指出："新时代属于每一个人，每一个人都是新时代的见证者、开创者、建设者。"人是社会人，个人的价值在社会中才能得到彰显，事业需要大家一起成就，历史需要大家共同写成。每个人都要担起该担的责任，共同创造、共同享受。

保天下者，匹夫之贱，与有责焉。 人人都是社会的一分子，共享福利也共承弊端，推动社会进步，营造良好氛围，人人都有责

任。领导干部只有破除"看客心态""依赖意识"等落后观念，增强自觉参与意识、责任担当意识，才能在推进社会主义现代化国家建设新征程中发挥应有的作用。要尊重人民主体地位，做到问政于民、问需于民、问计于民，把人民的关注点变为我们工作的着力点，让人民群众成为建设社会主义现代化的最大受益者、最积极参与者和最终评判者；要进行广泛协商，既尊重多数人的意愿，又照顾少数人的合理要求，广纳群言、广集民智，增进共识、增强合力，营造社会主义现代化建设人人参与、人人尽责的良好氛围。

人人尽责，人人享有。奋进新时代，领导干部要明确权力清单、责任清单、工作清单，层层落实责任，做到知责明责有担当、履责尽责有作为；要以对事业高度负责、对岗位高度尽责的精神，满腔热情地投入事业，潜心思考制约发展的难题，开动脑筋琢磨攻坚克难的实招，努力跑出我们这一棒最好的成绩，只有激情投入、履职尽责、奋力拼搏，才能无愧时代，无愧于党和人民重托；要大力提倡想事干事的主动精神，克服思维方式的惯性惰性任性，使用心用力干事成为一种自觉，见到问题就上、见到任务就干、主动承担责任、主动破解难题，在凡事主动中体现积极向上精神、体现主动担当作风，使复命意识和"划句号"能力成为一种境界，使争一流创一流成为一种风尚；要保持起而行之的使命感、"马上就办"的紧迫感、放心不下的责任感，分内工作要履职尽责、主动作为，配合工作要认领职责、靠前作为，在尽职尽责中体现担当作为。

121 强化"看齐追随、忠诚第一"的政治担当；强化"使命引领、一心谋战"的奋战担当；强化"初始即严、上下同严"的作风担当；强化"首任首责、起步领先"的实干担当

进入新时代，中国共产党所面对的任务更加艰巨、面对的环境更加复杂、面对的矛盾更加深刻。广大干部要有更大的担当气魄和更强的担当本领，直面挑战、不惧困难、积极作为，以忠诚、奋斗、自律、实干的精神和高超的智慧、能力，做勇于担当作为的先锋和善于担当作为的表率。

政治担当是共产党人的首要形象。增强政治担当，是新时代党的干部推动伟大事业再创辉煌的迫切要求。政治忠诚是新时代干部的第一标准。尧曾问舜："我欲致天下，为之奈何？"舜对曰："执一无失，行微无怠，忠信无倦，而天下自来。"作为领导干部，要把看齐追随、维护核心、忠诚第一作为首要政治原则、政治纪律、政治规矩。自觉向党中央看齐、向习近平总书记看齐，始终与党中央、习近平总书记同心同德、同向同行。

使出冲天劲力，鼓满风帆前行。历史只会眷顾坚定者、奋进者、搏击者。回首百年奋斗历程，中国社会发展，中华民族振兴，中国人民幸福，都是依靠自己的英勇奋斗来实现。新时代是奋斗者的时代，事业因奋斗而成功，没有奋斗动力的事业，就像失去引擎的航船。领导干部要强化初心使命，不断蓄积敢为人先、勇立潮头的闯劲，领头奔跑、冲锋陷阵的拼劲，砥砺奋进、百折不挠的韧

劲，无愧今天的使命担当，不负明天的复兴梦想。

不要人夸颜色好，只留清气满乾坤。新时代要有新气象新作风，坚持严字当头，开门立规矩、起步严纪律，形成初始即严、一严到底的新常态。领导干部要坚持本色做人、角色做事，强化廉洁自律和道德修养。时刻把政治纪律和政治规矩挺在前面，耐得住寂寞，守得住清贫，经得起诱惑，顶得住歪风，不断净化"生活圈"和"娱乐圈"，把思想教育的"软约束"与制度规范的"硬杠杠"结合起来，永葆共产党员政治本色和作风担当。

实干家赢得未来，清谈客难得人心。担当实干，是共产党人的政治本色，是党员干部的应有品格，是人民公仆的鲜明标识。在新时代奋进新征程，可以说起跑就是冲刺、开局就是决战。领导干部要坚持实干为先，干工作不能只停留在决心上，认准航道就要放胆冲浪，把工作落实在行动上；要扑下身子，真抓实干，对热点难点问题，一个一个去研究，一条一条去解决，一项一项去攻坚；要大兴求真务实之风，弘扬求真务实精神，以满腔的工作热情，在全面建设社会主义现代化新征程中开局起步争领先。

122 任务面前不摇手，靠前指挥不甩手，遇到难题不缩手，精心施工不失手，面对诱惑不伸手，带好队伍不松手，功不告成不撒手

责任是一种义务，是一种使命，是推动发展的原动力。一个人

是否有责任意识，决定着完成事物的优劣，最能体现其爱岗敬业的程度。领导干部是党和人民事业顺利完成的"关键少数"，要有强烈的责任意识，不能遇事推诿、躲避、懈怠，必须敬畏岗位、珍惜平台，尽到责任、作出实绩。

责重千斤，当仁不让。一个人责任意识的最直接体现就是履行好本职工作，表现为不仅能担起该担的责任，甚至还能自我加压，对分内之事敢于担责、勇于担责。习近平总书记多次强调，在改革攻坚、推进发展中不能不管事、不担事，不能当甩手掌柜。领导干部作为党和人民事业的直接推动者，责重如山岳，只有心中有责并练就过硬本领，切实做到爱岗敬业、恪尽职守，以务实的态度、措施和作风，优质高效抓好执行落实，才会在各种环境中、各种情况下做到面对责任不摇手、不甩手、不缩手、不失手、不伸手、不松手、不撒手，才能心无旁骛、全力以赴地创造实实在在的业绩，不辜负党和人民的重托。

知责于心，该出手时就要出手。知责任者，大丈夫之始也；行责任者，大丈夫之终也。领导干部要勇于挑起时代的重任和担当，不断增强责任感、使命感，精于干实事，铸牢担当之"魂"；要始终保持敢抓敢管敢干的精神，遇到任务不回避，不做推诿扯皮的人，主动以多一分的担当、多一分的责任、多一分的实干投入各项目标任务；要始终牢记"干部干部，先干一步"，在大事难事面前以身作则、靠前指挥，绝不躲在后面、怕人怕事，切实做到想在前列、走在前列、干在前列；要有"革命者在困难面前逞英雄"的奋斗精神，碰到难题不畏惧，做到知难而进、迎难而上，做改革发展的"攻坚者";要一心一意谋发展，集中精力干事业，做到事在手上，心在事上，确保工作万无一失，防止"一失万无"；要时刻保持如履薄冰的状态，面对各种诱惑，坚决守住底线、不碰红线，不为名利而折腰；要牢牢抓好干部队伍建设，一刻也不松懈，牢固树立严管就是厚爱的理念，抓好班子、带好队伍，做到大事讲原则、小事讲风格，努力打造一支素质过硬的"好队伍"；要有一颗为国为民的干事之心，把每一件小事做好做实，功不告成不罢休，事事以"功成之作"向党和群众交出满意的答卷。

123 鼓足干劲，使足闯劲，保持韧劲

"岁月不居，时节如流"，习近平总书记在2019年新年贺词开篇引用了这句古语，在表达时光飞逝的同时，鼓励全国人民以只争朝夕的劲头、坚韧不拔的毅力，继续把中华民族伟大复兴事业推向前进。中国共产党成立以来，凭着一股子"劲"，凝聚八方力量、汇集四海之力，一路披荆斩棘、渡过难关、迎来胜利。在时代日新月异高速旋转的今天，领导干部更需要拿出那么一股子"劲儿"，在新时代的天地里大胆去闯、勇敢去试、努力去拼、老实去干，以一种不服输、不怕败、愈挫愈勇、愈险愈进的精神状态征服这个时代。

撸起袖子，铆足劲头。1919年，毛泽东同志在《湘江评论》中写道："天下者，我们的天下；国家者，我们的国家；社会者，我

们的社会。我们不说，谁说？我们不干，谁干？"实干讲求干劲，是一个态度问题，领导干部要坚定必胜的信心，以主人翁的担当意识与精神，不断拼搏、奋斗，坚定咬定目标使劲干，以舍我其谁的担当，比学赶超、奋勇争先，以过五关斩六将的气势，用尽一切力量，倾尽一切才智，全力以赴达成目标，以最大努力争取最好结果。

"闯"字当头，一马当先。习近平总书记曾指出："改革开放四十年来，我们以敢闯敢干的勇气和自我革新的担当，闯出了一条新路、好路，实现了从'赶上时代'到'引领时代'的伟大跨越。"进入新时代，领导干部仍然需要保持舍我其谁的豪气，锐意创新的勇气、敢为人先的胆气，大胆开拓创新，拿出一股想闯、敢闯的勇气，不管前人有没有"走过"，都积极探索，奋勇向前，不断适应新形势、应对新变化、研究新情况、迎接新挑战、解决新问题，推动工作创新发展。

坚持就是胜利。习近平总书记强调："要以踏石留印、抓铁有痕的劲头抓下去，善始善终，善作善成，防止虎头蛇尾。"不管做什么事情都要坚持始终如一，才不至于功败垂成。领导干部要培养自己坚韧不拔的品性，发扬钉钉子精神，以"咬定青山不放松"的劲头，绵绵用力、驰而不息，始终树立恒心、坚定意志、百折不挠，使自己无论遇到再大的困难、再大的阻力，都能坦然面对、泰然处之，在挫折的磨砺中，千锤百炼、淬炼成钢。

124 面对原则问题，杜绝变通让步，敢于发声亮相；面对难点问题，杜绝绕道逃避，敢于负重前行；面对热点问题，杜绝推脱责任，敢于挺身而出；面对痛点问题，杜绝讳疾忌医，敢于刮骨疗毒

问题是时代的声音，解决问题是对时代的回应，解决好问题才能推动社会进步。习近平总书记指出，要"勇于直面问题，想干事、能干事、干成事，不断解决问题、破解难题"。领导干部能否敢于迎难而上、善于破解难题，既反映本领高低，又显示其责任大小，更能体现出其担当的强弱。领导干部只有下大力气把发展路上的问题一个个解决掉，才能真正推动社会实现又好又快发展。

问题就是矛盾，无处不在、无时不有。辩证唯物主义认为，人类社会是在矛盾运动中不断前进的。矛盾是事物发展的根本动力，是问题存在的根源，问题是矛盾的具体表现，哪里有矛盾，哪里就有问题。问题是不以人的意志为转移的、是客观存在的。一个时代的发展过程就是一个不断解决时代问题的过程。马克思曾指出，一个问题，只有当它被提出来时，才意味着解决问题的条件已经具备了。习近平总书记强调："问题是事物矛盾的表现形式，我们强调增强问题意识、坚持问题导向，就是承认矛盾的普遍性、客观性""每个时代总有属于它自己的问题，只要科学地认识、准确地把握、正确地解决这些问题，就能够把我们的社会不断地推向前进"。问题之中包含着解决问题的答案，但问题的答案不是简单直观、信手拈来的，而是需要领导干部深入潜心思考，准确研判形

势，深入实际调查，认真分析研究，才能在实践中找准问题发生的源头和规律。

领导工作的本质就是解决问题，不会解决问题的干部不是好干部。中国共产党人领导人民干革命、搞建设、抓改革，从来都是为了解决中国的现实问题。如果对矛盾熟视无睹，在难题面前畏缩不前，就会影响党和人民事业发展。然而在现实中，有的领导干部在原则问题上开口子、搞变通、作选择，想方设法回避矛盾；有的遇到矛盾总是绕着走，能拖就拖、能躲就躲；有的沉溺于自我陶醉，习惯性掩饰问题，对人对己都缺乏"壮士断腕"的勇气和毅力，结果就是问题成堆，不仅影响稳定，而且阻碍发展。对问题越是回避，就越会被问题缠身，始终陷于被动之中。领导干部要有敢于正视问题的勇气，下定克难的决心，理出可行思路，采取过硬措施，紧扣解决问题、消除隐患，才能不负党和人民所托，不断开创工作新局面。

发现问题是水平，解决问题是本事。问题在前，强将勇往直前、克难制胜；庸人怕字当头，困难压顶。领导干部只有脑子里始终装着问题，保持头脑清醒，善于把握事物特点规律，才能解决好发展中的各种问题。领导干部在原则问题上，要立下"明规矩"、破除"潜规则"，旗帜鲜明、敢抓敢管，不做无原则的变通让步，敢于同挑战原则的人和事作斗争；在难点问题上，要有敢于攻坚克难的勇气和决心，把各方面的情况考虑得更周全一些、深入一些，勇于负重前行，以实际行动赢得广大人民群众的拥护和支持；在热点问题上，越是群众和社会关切的，越要敢抓敢管，积极作为，平时多作调查研究，关键时刻敢于靠前开展工作，避免缺位、失语；在痛点问题上，不回避、不遮掩，敢于揭短亮丑，敢于触及深层次利益关系和矛盾，以刮骨疗毒的决心和勇气不断斗争，壮士断腕、猛药去疴。

125 用心用情用功，担责担难担险，谋事干事成事

习近平总书记强调："关键时刻冲得上去、危难关头豁得出来，才是真正的共产党人。"人民是共和国的坚实根基，人民是我们执政的最大底气。实践证明，始终与人民群众风雨同舟、生死与共，始终用情用心对待人民、真情回应群众、为群众攻坚克难、为群众谋事干事，是我们党战胜一切困难、风险和挑战的根本保证。

以百姓之心为真心。习近平总书记指出："共产党的干部要坚持当'老百姓的官'，把自己也当成老百姓，不要做官当老爷。"人民是我们党的力量源泉，我们党的根基在人民、血脉在人民，必须把人民放在心中最高位置，始终以百姓心为心。领导干部要用心砥砺新时代，真心实意为人民服务，"捧着一颗心来，不带半根草去"，始终情系百姓、情为人民，把百姓的事情当作自己的事，把人民群众当成自己的父母、亲戚、朋友，同时以"功成不必在我、功成必定有我"的姿态和钉钉子的精神，绵绵用力、久久为功。

急难险重显担当。习近平总书记指出："我们共产党人的忧患意识，就是忧党、忧国、忧民意识，这是一种责任，更是一种担

当。"人无担当不立，军无担当不胜。担，就是双肩承载、负重前行、任劳任怨；当，就是理所当然、当仁不让。担当作为，是党和人民的信任与重托，是践行初心使命的现实要求。领导干部既要有"不畏艰难，勇往直前"的决心，又要有"不计酬劳，无论生死"的公心，越是面对艰险越要勇于克险，越是问题棘手越要敢于上手。

在想干事中谋事，在会干事中成事。习近平总书记指出："领导干部要想真正在群众心目中留下一点'影'、留下一点'声'、留下一点印象，就要精心谋事、潜心干事，努力为人民群众多作贡献，而绝不能靠作秀、取宠、讨巧，博取一些廉价的掌声。"领导干部要为民办事，先要想办事，还要能办事、办成事。面对一个个困难和挑战，领导干部必须坚持一切以事业为轴心，认真谋事、一心干事、专心成事，以扎实的工作成效，为人民群众解决实际的困难和问题。

126　化无形为有形、变被动为主动、由软指标成为硬任务

化无形为有形、变被动为主动、由软指标成为硬任务，体现的是干部主动担当、积极作为的精气神。领导干部遇事要真担当、乐担当、敢担当，不断增强工作主动性、创造性，才能在工作上不断取得新进展、新突破。

担当是本分，必须真担当。习近平总书记指出，干部就要有担当，有多大担当才能干多大事业，尽多大责任才会有多大成就。可现实生活中，总有人不想担当、没有作为，信奉"天塌下来有高个子顶着"，在其位不谋其政，遇到矛盾退避三舍，从来不敢啃"硬骨头"，也有人奉行多栽花、少种刺的好人主义，只讲关系，不讲原则，你好我好大家都好。是什么让他们丧失了应有的担当、忘记了该负的责任？说到底还是个人官德不正、本分缺失。习近平总书记说："中华民族伟大复兴，绝不是轻轻松松、敲锣打鼓就能实现的。"新时代需要领导干部想担当、有作为，做到既有宽肩膀，又有铁肩膀，既政治过硬，又本领高强，才能在想担当中化无形为有形，不辱使命、不负重托。

担当是情分，必须乐担当。乐于担当体现的是一种爱岗敬业的思想情怀。毛泽东同志说过，人总是要有一点精神的。乐于担当精神既是领导干部的重要品格，也是激发动力、聚集合力、迸发活力的精气神，是一个干部主动担当的思想情怀，体现其人生精神价值追求。进入新发展时代，落实新发展理念、构建新发展格局、推动高质量发展等，都需要干部乐于担当，发扬斗争精神、主动担当作为。有多大担当才能干多大事业，尽多大责任才会有多大成就。领导干部要树立"为官避事平生耻"的理念，越是艰险越向前，要用知重负重、攻坚克难的实际行动，诠释对党的忠诚、对人民的赤诚。

担当是勇气，必须敢担当。能否敢于负责、勇于担当，最能看出一个干部的党性和作风。面对困难迎难而上，冲在改革发展的一线是勇于担当；长期工作在条件艰苦的地区，默默无闻地为党和人民的事业无私奉献，同样是敢于担当。对于领导干部来说，面对大是大非要敢于亮剑，面对矛盾要敢于迎难而上，面对危机要敢于挺身而出，面对失误要敢于承担责任，面对歪风邪气要敢于坚决斗争。要有披荆斩棘、乘风破浪的魄力，越是困难，越要鼓足勇气，迎难而上，挺身而出，不上推下卸、不回避问题、不打退堂鼓，在各自岗位上彰显履职尽责、敢于担当的优秀品格。

127 要以事不过夜的紧迫感，带头雷厉风行抓推进和抓落实，带头雷厉风行把工作任务落实到具体的人、具体的事，一项一项地抓，一环一环地抓，一抓到底，使工作办一件成一件，以抓铁有痕、雷厉风行的作风推进工作、狠抓落实

如果不沉下心来抓落实，再好的目标，再好的蓝图，也只是镜中花、水中月。化蓝图为美景，落实环节至关重要。一分部署，九分落实。党的十九大报告突出地把增强狠抓落实本领作为必须增强的八种本领之一，强调把雷厉风行和久久为功有机结合起来，以钉钉子精神做实做细做好各项工作。

抓落实，既要雷厉风行，又要久久为功。 雷厉风行更多是一种言出必行的态度和作风。对中央决策部署，对组织安排的工作和布置的任务，领导干部是坚决落实、不讨价还价，还是推三阻四、敷衍塞责，甚至打折扣、作选择、搞变通，考验的就是这种态度和作

风。雷厉风行含有迅速、立即的意思，但既不是为了求快而草率迅速，也不是"光打雷不下雨"的立即表态，而是结合实际坚决贯彻、看准了立马实施的快速行动，抓得紧、抓得稳、抓得准、抓得实。久久为功体现的是一种无私奉献的胸怀和抓铁有痕的坚韧意志。"功成不必在我""一任接着一任干"，经济社会发展巨大成就的取得，改革发展稳定中许多大事难事的解决，都离不开党领导人民久久为功、艰苦奋斗。邓小平同志曾经讲："巩固和发展社会主义制度，还需要一个很长的历史阶段，需要我们几代人、十几代人，甚至几十代人坚持不懈地努力奋斗。"领导干部赓续传统、久久为功，国家和民族必能无往而不胜。

抓落实，是一门学问，更是一门艺术。习近平总书记强调，"各项具体改革举措，要有时间表，一项一项抓落实"。落实是决策的生命，任何一项决策的实施、推进和完成都是抓落实的结果。领导干部做好工作、抓好落实既要讲态度，更要讲究方法。要突出系统性，对改革、发展、民生、党建等工作统筹兼顾、整体推进，切实做到"中心工作与其他方面工作、业务工作与党建工作、基础工作与经常工作一起部署、一起推动"；要突出精准性，一方面集中力量抓好"牛鼻子"，找到全局工作中"牵一发而动全身"的关键，另一方面盯住不放抓好"薄弱项"、聚焦"薄弱项"、补足"薄弱项"，全面提升工作质量；要注重穿透性，工作具体深入"抓下去"，不能层层衰减甚至不了了之，切实做到"有棱有角、有的放矢"，增强政策举措的效力。

抓落实，需要硬功夫，更需要软实力。抓落实既要下足"狠抓"的硬功夫，更需提升"绣花"的软实力。抓出工作实效，就必须下足"硬功夫"，领导干部敢打硬仗，敢啃"硬骨头"，对决定了的事一抓到底，做"李云龙式"干部，对上级决策部署、领导议定事项"立即办、马上干"，事不推诿、行不避难，将每项工作干出加速度；要建立责任分解落实机制，把目标任务分解到部门、落实到岗位、量化到个人，坚持今天的事今天办、重要的事优先办、困难的事努力办，以高效率、严态度，促进各项重要决策部署和重点任务的落实；要学会因地制宜，在吃透上级精神的基础上，结合工作实际，精心谋事、用心做事、谨慎行事，创造性地抓好落实。

128 完善知责明责的"责任链"，用好督促考核的"指挥棒"，高举责任追究的"锐利器"

习近平总书记强调，要牢牢扭住全面深化改革各项目标，落实主体责任，厘清责任链条，拧紧责任螺丝，提高履责效能，打通关节、疏通堵点、激活全盘，努力使各项改革都能落地生根。新时期领导干部面临新形势新任务，必须做到知责明责、尽责担当，才能以实实在在的成绩，向十四亿群众交上一份满意的答卷。

扎紧制度"笼子"，防止"责任甩锅"，纠正"责任落空"。人而无责，于世何益。每个人都有自己的角色，每个角色都有自己的担当。对领导干部来说，职务不是一种待遇，不是一种享受，也不是一种炫耀，而是一种责任。有了权利就要履行职责，有了职责就要尽到责任。职务越高，责任也就越大，这是天经地义的道理。任何干部对待职务，要始终保持一种神圣的责任感、使命感和庄严感，"干一行、爱一行"，坚定不移地担起岗位职责，脚踏实地干好本职工作。领导干部抓工作必须不断完善制度机制，确保人人做到知责、履责、尽责。

拉紧监督"尺子"，树立"风向标"，舞好"指挥棒"。 督促和考核可以提供明确的"风向标"，进一步激活干部想干事、能干事、干成事的工作热情，有效解决干与不干、干多干少、干好干坏一个样的问题，营造出争先创优、干事创业的良好氛围。但物极必反，过犹不及，一段时期以来，不少地方过分倚重督查、检查、考核手段，出现刚布置了工作任务就派督察组、"站着看的比干事的人数还多"的现象，过度使用了督查检查考核的"大棒"。领导干部要防止简单粗暴、照搬教条式的督查考核，结合实际，找准问题，考准考实，增强考核工作的质量和水平，让"惰政""躲政"者无处遁形、付出代价，营造"尚实干、勇作为、敢担当"的良好氛围。

打响问责"板子"，用好问责"锐器"，确保责任"着地"。 习近平总书记指出："只要真管真严、敢管敢严，党风建设就没有什么解决不了的问题。"党的十八大以来，从强化问责工作、落实"两个责任"的改革创新，到巩固实践成果、扎紧制度笼子的立规创举，我们党把问责作为管党治党利器，一个"八项规定"就能管住吃喝等不良风气，关键就在于敢于较真、敢于问责。当前我国正处于一个大有可为的历史机遇期，管党治党比以往任何时候都需要决心和勇气。领导干部要把该担的责任担起来，把该打的板子打下去，不断纯洁党的肌体，最大限度凝聚发展力量，以新担当新作为，创造属于新时代的光辉业绩。

129 让"不想为"者有所警醒，让"不会为"者感到紧迫，让"不敢为"者受到鞭策

党的十九届五中全会提出："加强干部队伍建设，落实好干部标准，提高各级领导班子和干部适应新时代新要求抓改革、促发展、保稳定水平和专业化能力，加强对敢担当善作为干部的激励保护，以正确用人导向引领干事创业导向。"这一要求，突出了新时代选人用人的标杆，抓住了激励干部担当作为这个新时代干部队伍建设的关键点和着力点，彰显了新时代的干部必须要有"想为"之境界、"善为"之能力、"敢为"之担当的正确用人导向。

树立正确用人"风向标"。用一贤人则群贤毕至，见贤思齐就蔚然成风。事业兴败，关键在人；用人之要，重在导向，用人导向是推动事业科学发展的一个根本性问题，树立和坚持什么样的用人导向，用什么样的干部，能否把对的人在对的时间放在对的工作岗位上，决定着事业兴衰成败，决定着一个区域或行业能不能又好又快发展。因此，必须把重实干重实绩的用人导向鲜明树起来，向广大干部发出一个最直接最明确的信号，干与不干不一样，干多干少不一样，干好干坏不一样，引领干部敢担当善作为，切实担负起党和人民赋予的重任。

建立能上能下"大通道"。能者进而由之，使无所德；不能者退而休之，亦莫敢愠。激励干部担当作为，既要把党和人民需要的好干部选准用好，又要把那些存在问题或者相形见绌的干部调整下来，使能上能下成为常态。优者上同时意味着庸者下、劣者汰，奖优必然意味着罚劣，对那些不作为的"南郭先生"、慢作为的"树懒式干部"、假作为的"花拳师傅"，根据具体情节该免职的免职、该调整的调整、该降职的降职，使能上能下成为常态。使政治坚定、奋发有为的干部得到褒奖和鼓励，使慢作为、不作为、乱作为的干部受到警醒和惩戒，形成能者上、庸者下、劣者汰的良好风气。

激发干事创业"原动力"。充分激发广大干部干事创业的积极性、主动性、创造性，事关党运国运、复兴伟业。这就要求我们充分激发党员干部干事创业的热情，引导党员干部想干事、会干事、干成事，遵循干部成长的规律，也要结合干部的价值导向，要形成正向的干部成长激励机制，主动为干部尤其是基层一线、偏远地区、艰苦岗位干部排忧解难，在政策、待遇等方面给予倾斜，让他们安心工作，激发出他们干事创业的热情，最大限度地激发干部内生动力。

130 坚决扛起责任，坚定担当实干，坚持举一反三

是否具有担当精神，是否能够忠诚履责、尽心尽责、勇于担

责，是否能够举一反三、触类旁通，是检验每一个领导干部身上是否真正体现了共产党人先进性和纯洁性的重要方面。它要求领导干部有强烈的问题意识、清醒的政治头脑、娴熟的工作技能、睿智的解决思路。

"官位"是为人民服务的"岗位"，"权力"是为人民服务的"责任"。 习近平总书记指出："何其为领导干部？说得直白一点，组织上让我们当领导干部，就是派我们在这里站岗放哨，这叫守土有责。"领导干部尽职尽责就是要用最大的力量去做好本职工作，认真履行好自己的职责。职权要服从职责，职责是第一位的。完成本职工作是扛起责任的最基本要求，"鞠躬尽瘁，死而后已"是扛起责任的最高境界。只有忠于职守、敢于负责，才能使工作有声有色、生机勃勃，也才能不断开创新局面。领导干部要知责负责尽责，明白职务就是责任，权力就是责任，找准战斗岗位，在任何时间、任何地点，都始终如一地对工作负责，把责任落实落细落小。

担当是干部的本色，实干是干部的底色。 古往今来，凡事兴于实、败于虚。一切问题，只有在实干中才能解决；一切机遇，只有在实干中才能抓住。只有实干担当才是立身之基、立功之道。乐于担当体现的是一种先忧后乐的思想情怀，敢于担当体现的是一种迎难而上的责任意识，善于担当体现的是一种有勇有谋的能力素质。不管是甘于担当、敢于担当还是善于担当，最后都要靠实干和实绩来检验。领导干部要培养过硬本领敢担当，去掉私心真担当，涵养底气勇担当，锤炼智慧善担当，将想干事、敢干事，善担当、敢担当的优良传统弘扬光大，把得过且过、不思进取、畏难不前、贪图享乐的恶习坚决摒弃。

举一反三是悟性，闻一知十是灵性。常言道："聪明人一拨三转，糊涂人棒打不回。"举一反三是一种创造性解决问题的思考方法，反映出一个人的悟性。举一反三能力的高低反映了一个人总结经验、探索规律、触类旁通能力的高低。对于领导干部来说，善于举一反三是从经验型领导上升为思想型领导的关键环节，是从跑腿型干部发展为善谋型干部的主要途径。很多工作中的问题，很多干部身上的问题，并不是个体的、孤立的、独特的，而是具有一定的普遍性、规律性，甚至是老问题、老毛病，或是老问题的新形式，老毛病的新症状。纠正错误不举一反三，不从别人的问题中吸取教训，往往容易重蹈覆辙；解决问题不举一反三，只是就事论事，不由点到面、由此及彼解决，往往容易"按下葫芦浮起瓢"，导致类似问题死灰复燃。领导干部要善于运用举一反三的思维和工作方式，加强反思和总结，始终在研究状态下工作，注重对事物客观规律的分析、归纳和判断，推动问题得到全面解决，达到事半功倍的效果。

后　记

　　本书是"新时代干部之基系列丛书"之四。全书围绕"做干部必须有担当"这一主题分四辑130条进行阐述，旨在回答"当干部为什么要担当""当干部需要担当什么""当干部如何做到担当"等问题。文无定法，仅供参考。由于水平有限，不足之处在所难免，敬请读者批评指正。

　　在撰写和出版过程中，得到国家行政学院出版社的指导和帮助。在此，表示衷心感谢！

晓山

2022年6月